hänssler

William MacDonald

Wahre Jüngerschaft
und
Wo ist unser Herz?

Die Deutsche Bibliothek – CIP-Einheitsaufnahme

MacDonald, William:
Wahre Jüngerschaft und Wo ist unser Herz? / William
MacDonald. [Dt. Übers. durch Operation Mobilisation]. –
Neuhausen-Stuttgart : Hänssler, 1996
   (Hänssler-Taschenbuch)
   ISBN 3-7751-2600-7

Das vorliegende Buch erschien zuvor als TELOS-Taschenbuch mit der
Bestell-Nummer 70.005.

hänssler-Taschenbuch
Bestell-Nr. 392.600

© Copyright 1962 by William MacDonald
Published by Send the Light Trust, 9 London Road, Bromley, Kent,
Great Britain
Originaltitel: True Discipleship and Where is your Treasure?
Deutsche Übersetzung durch Operation Mobilisation

© Copyright der deutschen Ausgabe 1971 und 1996 by Hänssler-
Verlag, Neuhausen-Stuttgart
Umschlaggestaltung: Stefanie Stegbauer
Titelfoto: Reiner Baumann (MEV Verlag)

Printed in Germany

Inhalt

Vorwort

Dieses Büchlein ist ein Versuch, einige Grundsätze neu-testamentlicher Jüngerschaft darzustellen. Manche von uns mögen diese Prinzipien seit Jahren dem Wortlaut nach gut kennen, kamen dann aber wohl zu dem Schluß, daß man sich in unserem komplizierten Zeitalter an solch extreme und unpraktische Anweisungen doch nicht halten kann. „Und so ergaben wir uns in die Kälte unserer geistlichen Umgebung."

Dann jedoch trafen wir mit einer Gruppe junger Gläubiger zusammen, die es sich in den Kopf gesetzt hatten, zu beweisen, daß die Bedingungen Jesu für die Jüngerschaft nicht nur äußerst praktisch, sondern die einzigen Voraussetzungen überhaupt sind, unter denen die Evangelisierung der Welt je erreicht werden kann.

Wir sind diesen jungen Leuten sehr verpflichtet, weil sie uns ein lebendiges Beispiel für viele der im folgenden aufgeführten Wahrheiten gegeben haben.

Obwohl unser eigenes Leben diesen Prinzipien sehr oft noch nicht entspricht, möchten wir sie doch aufzeigen, weil wir uns ihre Verwirklichung so sehr wünschen.

William Mac Donald

Einleitung

Der Weg in eine echte Nachfolge beginnt, wenn ein Mensch von neuem geboren ist. Es fängt damit an, daß sich folgende Dinge in seinem Leben ereignen.

1. Er muß begriffen haben, wie sündig, verloren, nackt und blind er vor Gott steht.

2. Er muß zugeben, daß er weder durch seinen guten Charakter noch durch seine guten Werke etwas an dieser Situation ändern kann.

3. Er muß glauben, daß der Herr Jesus Christus am Kreuz an seiner Statt starb.

4. Er muß sich willentlich entschließen, sein ganzes Vertrauen allein auf Jesus Christus zu setzen und ihn als seinen Herrn und Meister anzuerkennen.

Nur so wird jemand ein Christ, und es ist wichtig, dies von Anfang an ganz klarzumachen. Viel zu viele Leute leben in der irrigen Vorstellung, daß man Christ wird, indem man ein christliches Leben führt. Ganz und gar nicht! Man *muß* zuerst Christ werden, ehe man überhaupt fähig ist, diese Art von Leben zu verwirklichen.

Das Leben in der Nachfolge, von dem wir im folgenden reden, ist ein übernatürliches Leben. Niemand hat in sich selbst die Kraft dazu. Wir sind auf Kraft von Gott angewiesen. Und nur durch die Wiedergeburt fließt uns diese Energie zu, aus der heraus wir leben können, wie Jesus es uns aufträgt.

Deshalb müssen Sie sich, bevor Sie weiterlesen, die Fragen stellen: „Bin ich überhaupt von neuem geboren? Bin ich wirklich ein Kind Gottes durch den Glauben an den Herrn Jesus geworden?"

Falls nicht, dann nehmen Sie ihn heute in Ihr Leben auf als Ihren Herrn und Meister. Entschließen Sie sich, ihm in allen Dingen zu gehorchen, was immer es Sie kosten mag.

Bedingungen der Jüngerschaft

Wahres Christentum ist völlige Hingabe an den Herrn Jesus Christus.

Der Heiland sucht nicht nach Männern und Frauen, die ihm ihre freien Abende — oder das Wochenende — oder die Jahre ihres Ruhestandes widmen möchten. Nein, er sucht solche, die ihm den ersten Platz in ihrem Leben einräumen wollen.

„Er schaut heute noch — wie er das schon immer getan hat — nicht nach den Massen, die in seinem Kielwasser dahintreiben, sondern nach einzelnen Männern und Frauen, deren nicht sterbende Hingabe daher rührt, daß sie erkannt haben, daß er solche braucht, die bereit sind, den Weg der Selbstverleugnung zu gehen, den er ihnen voranging" (H. A. Evan Hopkins).

Nichts Geringeres als bedingungslose Hingabe kann jemals die richtige Antwort auf sein Opfer auf Golgatha sein. Eine solche überwältigende, göttliche Liebe kann niemals mit weniger als unserer Seele, unserem ganzen Leben, allem was wir sind und haben, zufrieden sein.

Der Herr Jesus stellte hohe Anforderungen an die, die seine Jünger sein wollten — Ansprüche, die in unserem heutigen bequemen Leben weitgehend übersehen werden. Viel zu oft betrachten wir unser Christsein nur als ein Entrinnen vor der Hölle und eine Garantie für den Himmel. Darüber hinaus meinen wir außerdem, wir hätten das gute Recht, alles, was dieses Leben uns an Gutem bietet, zu genießen. Wir wissen es wohl, daß es in der Bibel deutliche Verse über die Jüngerschaft gibt, aber es fällt uns so schwer, sie mit unseren eigenen Vorstellungen über das, was Christsein eigentlich sein sollte, zu verbinden.

Wir finden es durchaus in Ordnung, daß Soldaten ihr Leben aus vaterländischen Gründen dahingeben. Es befremdet uns nicht weiter, daß Kommunisten ihr Leben aus politischen Gründen lassen, aber daß „Blut, Schweiß und Tränen" das Leben eines Christusnachfolgers kennzeichnen, erscheint uns irgendwie fernliegend und schwer faßbar.

Und doch sind die Worte Jesu klar genug. Es ist kaum möglich, sie mißzuverstehen, wenn wir sie in ihrem vollen Wortlaut annehmen. Hier sind einige Bedingungen, wie sie uns vom Heiland der Welt dargelegt wurden:

1. Alles übersteigende Liebe zu Jesus Christus

„So jemand zu mir kommt und haßt nicht seinen Vater, Mutter, Weib, Kinder, Brüder, Schwestern, auch dazu sein eigen Leben, der kann nicht mein Jünger sein" (Luk. 14, 26). Das bedeutet nicht, daß wir Abneigung oder böse Absichten gegenüber unseren Verwandten im Herzen tragen sollen, sondern es bedeutet, daß unsere Liebe zu Christus so groß sein soll, daß jede andere Liebe im Vergleich dazu nichts ist. Der schwerwiegendste Punkt in diesem Vers ist jedoch der Ausdruck: „...auch dazu sein eigen Leben." Die Eigenliebe ist eines der am schwersten zu überwindenden Hindernisse für die Jüngerschaft. Nicht eher, als wir willig sind, unser Leben völlig für ihn hinzugeben, sind wir an dem Platz, an dem er uns haben will.

2. Verleugnung unseres Ichs

„Will mir jemand nachfolgen, der verleugne sich selbst"
(Matth. 16, 24). Verleugnung unseres Ichs ist mehr als
Enthaltsamkeit. Es bedeutet mehr als Verzicht auf bestimmte Speisen, Vergnügungen oder Besitztümer. Verleugnung unseres Ichs bedeutet eine völlige Hingabe
an die Herrschaft Jesu Christi, daß das eigene Ich überhaupt keine Rechte und Ansprüche hat. Es bedeutet,
daß das Ich einfach abdankt. Das ist in den Worten Henry Martyns ausgedrückt: „Herr, laß mich keinen eigenen Willen haben, noch laß mich mein wahres
Glück auch nur ein wenig in der Abhängigkeit von
etwas, was mir von außen her begegnen kann, sehen,
sondern laß alles in mir mit deinem Willen überein-
stimmen."

Mein herrlicher Sieger, göttlicher König,
nimm diese dir ergeb'nen Hände in die deinen.
Endlich ist mein Wille ganz dein eigen, und
ich bin fröhlicher Untertan an deinem Thron.

H. G. C. Moule

3. Wohlüberlegte Wahl des Kreuzes

„Will mir jemand nachfolgen, der verleugne sich selbst
und *nehme sein Kreuz auf sich*" (Matth. 16, 24b). Das
Kreuz ist nicht eine physische Schwäche oder ein gei-
stiger Schmerz; diese Dinge sind allen Menschen gemeinsam. Das Kreuz ist ein Weg, der nach reiflicher
Überlegung gewählt wurde. Es ist „ein Weg, der, solange diese Welt besteht, voll Unehre und Schmach ist"
(C. A. Coates). Das Kreuz veranschaulicht die Schan-

11

de, Verfolgung und Schmach, mit der die Welt den Sohn Gottes überhäufte und welche die Welt auch auf alle die laden wird, die sich entschieden haben, gegen den Strom zu schwimmen. Jeder Gläubige kann dem Kreuz einfach dadurch entgehen, daß er sich der Welt und ihren Wegen anpaßt.

4. Ein Leben in der Nachfolge Christi

„Will mir jemand nachfolgen, der verleugne sich selbst und nehme sein Kreuz auf sich *und folge mir*" (Matth. 16, 24). Um zu verstehen, was das bedeutet, muß man sich selbst fragen: „Was kennzeichnete das Leben des Herrn Jesus?" Es war ein Leben des Gehorsams gegenüber Gott. Es war ein Leben in der Kraft des Heiligen Geistes. Es war ein Leben des selbstlosen Dienstes an anderen. Es war ein Leben der Geduld, des Leidens und der Ausdauer trotz boshafter Mißhandlungen. Es war ein Leben voller Eifer, voller *Hingabe*, ein Leben der Selbstbeherrschung, der Sanftmut, der Freundlichkeit, der Treue und der *Hingabe* (Gal. 5, 22. 23). Wenn wir seine Jünger sein wollen, müssen wir wandeln wie er. „... daß ihr viel Frucht bringet und werdet meine Jünger" (Joh. 15, 8).

5. Innige Liebe zu allen, die Christus gehören

„Dabei wird jedermann erkennen, daß ihr meine Jünger seid, so ihr Liebe untereinander habt" (Joh. 13, 35). Das ist die Liebe, die andere höher achtet als sich selbst. Es ist die Liebe, welche die Menge der Sünden bedeckt. Es ist die Liebe, die langmütig und freundlich ist. „Die

Diak. - Mutterhaus
z. Hd. Sr. Dorothee
Sprave

- Bereichsleitung
Altenpflege —

Adresse wie
bekannt.
Tel: 04261 - 772400

Liebe ist langmütig und freundlich. Die Liebe neidet nicht und prahlt nicht. Sie tut nicht groß und ist nicht aufgeblasen. Sie verletzt nicht den Takt, sie ist frei von Selbstsucht. Sie kennt keine Bitterkeit, sie trägt nichts Böses nach, sie hat kein Gefallen am Unrecht, sie freut sich aber der Wahrheit. Alles trägt sie, alles glaubt sie, alles hofft sie, alles duldet sie" (1. Kor. 13, 4—7. Nach Bruns N. T.). Ohne diese Liebe wäre die Jüngerschaft ein kalter, gesetzlicher Zwang.

6. Stetes Bleiben in seinem Wort

„So ihr bleiben werdet an meiner Rede, so seid ihr meine rechten Jünger" (Joh. 8, 31b). Rechte Jüngerschaft muß von Dauer sein. Es ist leicht, einen guten Anfang zu machen und mit flammender Begeisterung loszustürmen, aber die Probe auf die Echtheit ist das Ausharren bis zum Ende. „Wer seine Hand an den Pflug legt und sieht zurück, der ist nicht geschickt zum Reich Gottes" (Luk. 9, 62b). Das krampfhafte Befolgen der Schrift tut es nicht. Christus wünscht sich solche, die ihm in stetem, gläubigen Gehorsam folgen.

„Bewahre mich davor, zurückzuweichen.
Die Griffe meines Pfluges sind von Tränen naß,
die Pflugscharen sind vom Rost verdorben, und doch . . .
Und doch, mein Gott, mein Gott bewahre mich davor,
zurückzuweichen."

7. Alles aufgeben, um ihm zu folgen

„Also auch ein jeglicher unter euch, der nicht absagt allem, was er hat, kann nicht mein Jünger sein" (Luk.

14, 33). Das ist vielleicht die unpopulärste aller Bedingungen, die Christus für die Nachfolge stellt, und sie mag sich sehr wohl als der unbequemste Vers in der Bibel überhaupt erweisen. Die klugen Theologen mögen tausend Gründe dafür angeben, warum dieses Wort eigentlich gar nicht das bedeutet, was es aussagt, aber einfache Jünger Jesu nehmen es buchstäblich so, wie es dasteht, und wissen, daß der Herr Jesus genau wußte, was er sagte. Was ist nun mit „allem absagen" gemeint? Es bedeutet den Verzicht auf materielle Werte, die nicht unbedingt zum Leben notwendig sind und die zur Verbreitung des Evangeliums verwandt werden könnten. Der Mann, der allem entsagt, wird dadurch nicht etwa zum hilflosen Müßiggänger; er arbeitet im Gegenteil schwer, um für die laufenden Bedürfnisse seiner Familie und seiner selbst zu sorgen. Da aber die Leidenschaft seines Lebens der Fortgang der Sache Christi ist, setzt er alles, was er nicht unbedingt braucht, für das Werk des Herrn ein und überläßt die Zukunft Gott. Indem er zuerst nach dem Reich Gottes und seiner Gerechtigkeit trachtet, glaubt er daran, daß es ihm nie an Nahrung und Kleidung mangeln wird. Er kann einfach nicht mit gutem Gewissen Güter anhäufen, während Seelen verlorengehen, weil niemand ihnen das Evangelium bringt. Er will sein Leben nicht damit vergeuden, daß er Reichtümer anhäuft, die in die Hände des Teufels fallen, wenn Christus für seine Heiligen wiederkommt. Er will dem Gebot Christi gegen die Anhäufung von Schätzen auf Erden gehorchen. Er entsagt allem, indem er hingibt, was er doch nicht ewig halten kann und was er nun nicht mehr liebt.

Dieses sind also die sieben Voraussetzungen zur Nachfolge Christi. Sie sind klar und unzweideutig. Der

Schreiber dieses Büchleins ist sich darüber im klaren, daß er sich selbst durch diese Aufstellung als einen unnützen Knecht verurteilt. Sollte aber Gottes Wahrheit durch das Versagen des Volkes Gottes für immer verhindert werden? Ist es nicht wahr, daß die Botschaft immer größer ist als der Botschafter selbst? Ist nicht Gott allein wahrhaftig und jeder Mensch ein Lügner? Sollten wir nicht mit einem alten Weisen sagen: „Dein Wille geschehe, wenn auch durch meine eigene Unzulänglichkeit"?

Indem wir unsere begangenen Fehler bekennen, laßt uns den Ansprüchen Christi an uns mutig begegnen und von jetzt an danach trachten, wahre Jünger unseres herrlichen Herrn zu sein.

„. . . der in euch angefangen hat das gute Werk, der wird's auch vollführen . . ." (Phil. 1, 6).

Allem entsagen

„Also auch ein jeglicher unter euch, der nicht absagt allem, was er hat, kann nicht mein Jünger sein" (Luk. 14, 33).

Um ein Jünger des Herrn Jesus sein zu können, muß man allem absagen. Das ist die unmißverständliche Bedeutung dieser Worte des Heilands. Es spielt keine Rolle, wie sehr wir einer solchen „übertriebenen" Forderung widerstreben mögen; gleichgültig, wie wir aufbegehren gegen solch eine „unmögliche" und „unkluge" Forderung; die Tatsache bleibt bestehen, daß es ein Wort des Herrn ist, und er meint genau das, was er sagt.

Zunächst sollten wir die nachstehenden, unverrückbaren Wahrheiten ins Auge fassen:

a) Jesus stellte diese Forderung nicht einer bestimmten auserwählten Gruppe christlicher Arbeiter. Er sagte: *„Ein jeglicher unter euch ..."*

b) Er sagte auch nicht, daß wir nur den guten Willen zu haben brauchen, allem zu entsagen. Er sagte: „Ein jeglicher unter euch, *der nicht absagt ..."*

c) Er sagte auch nicht, daß wir nur einem Teil unseres Besitzes entsagen sollen. Er sagte: „Ein jeglicher unter euch, der nicht absagt *allem*, was er hat ..."

d) Er sagte auch nicht, daß eine weniger entschiedene Form der Jüngerschaft für denjenigen möglich ist, der an seinem Besitz festhält. Jesus sagte: *„... der kann nicht mein Jünger sein."*

Wir sollten über diese strikte Forderung nicht so erstaunt sein. Sie ist nicht die einzige ihrer Art in der Bibel.

Sagte Jesus nicht auch: „Ihr sollt euch nicht Schätze sammeln auf Erden, da sie die Motten und der Rost fressen und da die Diebe nachgraben und stehlen; sammelt euch aber Schätze im Himmel" (Matth. 6, 19. 20a)?

Wie Wesley ganz richtig sagte: „Schätze auf Erden zu sammeln, ist vom Herrn genauso klar verboten worden wie Ehebruch und Mord."

Sagte Jesus nicht: „Verkaufet, was ihr habt, und gebet Almosen" (Luk. 12, 33)? Wies er nicht den reichen Mann an: „Verkaufe alles, was du hast, und gib's den Armen, so wirst du einen Schatz im Himmel haben, und komm, folge mir nach" (Luk. 18, 22)? Wenn er nicht genau das meinte, was er sagte, was hat er denn dann gemeint?

Traf es nicht zu für die Gläubigen der Urgemeinde, daß sie „. . . ihre Güter und Habe verkauften und teilten sie aus unter alle, nach dem jedermann not war" (Apg. 2, 45)?

Ist es nicht so, daß viele der Heiligen Gottes durch die Jahrhunderte hindurch buchstäblich allem entsagten, um Jesus zu folgen?

Antony Norris Grove und seine Frau, unter den ersten Missionaren in Bagdad, kamen zu der Überzeugung, daß sie „aufhören müßten, Schätze auf Erden zu sammeln, und daß sie ihr gesamtes beträchtliches Einkommen ganz dem Herrn weihen sollten — zu seinem Dienst".

C. T. Studd „entschloß sich, Christus sein ganzes Vermögen hinzugeben und die wunderbare Gelegenheit zu ergreifen, die der reiche Jüngling versäumt hatte . . . Es war schlichter Gehorsam gegenüber den schwarz auf weiß dargelegten Geboten des Wortes Gottes". Nachdem er Tausende für das Werk des Herrn gegeben hatte, legte er einen Betrag von 9588 Dollar, das sind etwa 38 350 DM, für seine Braut zurück. Diese wollte sich nicht von ihrem Manne übertreffen lassen. „Karl", fragte sie ihn, „was gebot der Herr dem reichen Jüngling?" — „Verkaufe alles." — „Nun, so wollen wir gleich bei unserer Hochzeit ganz klar mit dem Herrn anfangen." Und fort ging das Geld an christliche Missionen.

Derselbe Geist der Hingabe bewegte Jim Elliot. Er schrieb in sein Tagebuch: „Vater, laß mich schwach sein, auf daß ich die Kraft verliere zum Umklammern von weltlichen Dingen. Mein Leben, mein Ansehen, mein Besitz — Herr, nimm von mir die Neigung meiner Hand zum Ergreifen und Festhalten. Ach, Vater, daß doch von mir wiche das Verlangen schon nach dem bloßen Streicheln. Wie oft habe ich den festen Griff gelockert, nur um mir das zu erhalten, was ich in ‚harmlosem' Verlangen so sehr schätzte — das liebkosende Berühren. Nein, öffne vielmehr meine Hand zum Aufnehmen des Kreuzigungsnagels, Vater, wie die Hand Jesu Christi — auf daß ich, indem ich alles loslasse, selber losgelassen werde, los von allem, was mich jetzt noch bindet. Auch bei Jesus war das Sehnen und Trachten auf den Himmel gerichtet, ja, auf die Einheit mit dir, Vater, nicht auf Dinge, die man umklammert. So gib denn, Vater, daß ich loslasse." (Aus „Im Schatten des Allmächtigen" von Elisabeth Elliot.)

Unser ungläubiges Herz will uns weismachen, daß es unmöglich sein würde, die Worte des Herrn wörtlich zu nehmen. Wenn wir allem entsagten, würden wir verhungern. Schließlich müssen wir doch eine gewisse Vorsorge für unsere eigene und die Zukunft unserer Lieben treffen. Wenn jeder Christ allem entsagte, wer sollte dann das Werk des Herrn finanzieren? Und wenn es nicht einige reiche Christen gäbe, wie könnten je die höhergestellten Leute erreicht werden? Und so ergießen sich in schneller Folge die Gründe dafür über uns, daß der Herr gar nicht gemeint haben könne, was er sagte.

Tatsächlich ist es aber so, daß Gehorsam gegenüber den Befehlen des Herrn die vernünftigste und richtigste Art zu leben ist und gleichzeitig diejenige, welche die größte Freude hervorbringt. Das Zeugnis der Schrift und die Erfahrung lehren, daß niemand, der hingegeben für Christus lebt, jemals Mangel leidet. Wenn ein Mensch Gott gehorcht, sorgt der Herr für ihn. Der Mann, der allem entsagt, um Christus nachzufolgen, ist kein hilfloser Armer, der von seinen Mitchristen erwartet, daß sie ihn erhalten.

1. Er ist arbeitsam. Er schafft fleißig für seine eigenen Bedürfnisse und die seiner Familie.

2. Er ist mäßig. Er lebt so sparsam wie möglich, so daß alles, was über die wirklich notwendigen Bedürfnisse hinausgeht, für des Herrn Sache gegeben werden kann.

3. Er beweist Voraussicht. Anstatt auf Erden Reichtümer zu häufen, legt er sich einen Schatz im Himmel an.

4. Er vertraut Gott für die Zukunft. Anstatt die beste Zeit seines Lebens dazu zu verwenden, reichliche Rücklagen für die Zeit seines Alters zu schaffen, gibt er das

Beste für den Dienst Christi und vertraut ihm für die Zukunft. Er glaubt daran, daß, wenn er am ersten nach dem Reich Gottes und nach seiner Gerechtigkeit trachtet, es ihm niemals an Nahrung und Kleidung mangeln wird (Matth. 6, 33). Es ist für ihn einfach unvernünftig, Reichtümer für schlechte Tage zu sammeln. Er würde das folgendermaßen begründen:

a) „Wie könnte ich mit gutem Gewissen besondere Gelder zur Seite legen, wenn die Mittel gerade jetzt zur Errettung von Seelen benutzt werden könnten?" — „Wenn aber jemand dieser Welt Güter hat und sieht seinen Bruder darben und schließt sein Herz vor ihm zu — wie bleibt die Liebe Gottes bei ihm?" (1. Joh. 3, 17).

„Betrachte dies wichtige Gebot: ‚Du sollst deinen Nächsten lieben wie dich selbst' (3. Mose 19, 18). Kann von uns wirklich gesagt werden, daß wir unseren Nächsten wie uns selbst lieben, den wir doch verhungern lassen, obwohl wir genug, ja, noch übrig haben? Ich möchte alle die aufrufen, welche die Freude erfahren haben, die unaussprechliche Gabe Gottes zu kennen, und fragen: ‚Würdet ihr dieses Wissen eintauschen — gegen tausend Welten?' So wollen wir denn auch nicht die Mittel zurückhalten, durch welche andere dieses wunderbare Wissen und himmlischen Trost erlangen können" (A. N. Groves).

b) Wenn wir wirklich glauben, daß die Wiederkunft Christi bevorsteht, dann wünschen wir auch, daß unser Geld sofort nutzbringend verwendet wird. Andernfalls gehen wir das Risiko ein, daß es in die Hand des Teufels fällt — Geld, das doch zu ewigem Segen hätte benutzt werden können.

c) Wie können wir den Herrn mit gutem Gewissen bitten, Mittel für christliche Arbeit zu beschaffen, wenn wir selbst Geld besitzen, das wir nicht für diesen Zweck hergeben wollen? Alles für Christus hinzugeben, bewahrt uns vor Heuchelei im Gebet.

d) Wie können wir anderen den Ratschluß Gottes predigen, wenn darin bestimmte Wahrheiten — wie diese — enthalten sind, denen wir selbst nicht gehorcht haben? In einem solchen Fall würde unser Tun unsere Lippen verschließen.

e) Die Klugen dieser Welt legen reichliche Rücklagen für die Zukunft beiseite. Dies bedeutet, nicht im Glauben, sondern im Schauen zu wandeln. Der Christ ist aber zu einem Leben der Abhängigkeit von Gott berufen. Wenn er auf Erden Schätze anlegt — wie unterscheidet er sich dann von der Welt und ihrer Weise?

Sehr häufig ist der Einwand zu hören, daß wir für die Zukunft unserer Familie sorgen müssen; andernfalls wären wir schlechter als die Ungläubigen. Die beiden nachstehenden Verse werden zur Bestätigung dieser Ansicht benutzt:

„Denn es sollen nicht die Kinder den Eltern Schätze sammeln, sondern die Eltern den Kindern" (2. Kor. 12, 14).

„So aber jemand die Seinen, sonderlich seine Hausgenossen, nicht versorgt, der hat den Glauben verleugnet und ist ärger als ein Heide" (1. Tim. 5, 8).

Das sorgfältige Studium dieser Verse zeigt uns, daß sie mit den *laufenden Bedürfnissen* zu tun haben und nicht mit *zukünftigen Ausgaben*. Den ersten Vers gebraucht Paulus ironisch. Er stellt sich als Elternteil dar, und die Korinther sind seine Kinder. Er hat sie finanziell nicht belastet, obwohl er als Diener Gottes das Recht dazu gehabt hätte. Er war jedoch ihr Vater im Glauben, und im allgemeinen sorgen die Eltern für ihre Kinder und nicht umgekehrt. Es geht hier überhaupt nicht um die Sorge der Eltern für die *Zukunft* ihrer Kinder. Der ganze Abschnitt befaßt sich lediglich mit der Befriedigung der augenblicklichen Bedürfnisse des Paulus, nicht seiner eventuellen zukünftigen Nöte. In 1. Timotheus 5, 8 bringt der Apostel die Versorgung armer Witwen zur Sprache. Er besteht darauf, daß deren Angehörige für diese Versorgung verantwortlich sind. Wenn keine Verwandten da sind, oder wenn sie dieser Verpflichtung nicht nachkommen, dann soll die örtliche Gemeinde für die gläubigen Witwen sorgen. Auch hier geht es nur um gegenwärtige, nicht um zukünftige Bedürfnisse. Gottes Wille ist, daß die Glieder am Leibe Christi für die augenblicklichen Bedürfnisse ihrer Mitgläubigen sorgen sollten: „Es ist allein eine Sache des Mitteilens. So diene jetzt euer Überfluß ihrem Mangel, und später diene ihr Überfluß eurem Mangel. So teilen wir uns gegenseitig mit, wie die Schrift sagt: Der viel sammelte, hatte nicht Überfluß, und der wenig sammelte, hatte nicht Mangel" (2. Kor. 8, 15).

Ein Christ, der meint, er müsse für die Zukunft sorgen, sieht sich dem schwierigen Problem gegenüber, zu wissen wieviel denn nun genug sei. Deshalb bringt er sein Leben damit zu, nach einem Vermögen unbestimmter Höhe zu streben und versäumt dabei das Vorrecht, sein Bestes für den Herrn Jesus Christus zu geben. Schließlich gelangt er an das Ende eines vergeudeten Lebens und muß erkennen, daß alle seine Bedürfnisse sowieso befriedigt worden wären, wenn er einfach von ganzem Herzen für den Herrn gelebt hätte.

17/04/01 00016
02:53PM VERK.2

LP/MC/CD-14%

49.00%

BAR

49.00
VIELEN DANK

Wenn die Christen die Worte des Herrn Jesus buchstäblich nähmen, gäbe es keinen Geldmangel im Werk des Herrn. Das Evangelium würde mit steigender Macht hinausgehen und in wachsendem Umfang gepredigt werden. Wenn irgendein Jünger in Not geriete, würde es den anderen Jüngern Freude und Vorrecht sein, mit ihm zu teilen, was sie haben.

Der Einwand, daß es wohlhabende Christen geben müsse, um die Reichen in dieser Welt zu erreichen, ist absurd. Paulus erreichte des Kaisers Haushalt, als er ein Gefangener war (Phil. 4, 22). Wenn wir Gott gehorchen, können wir ihm auch vertrauen, daß er die Verhältnisse ordnet.

Das Beispiel des Herrn Jesus sollte in dieser Sache ausschlaggebend sein! Der Knecht steht nicht über seinem Meister. „Es steht dem Knecht nicht gut, danach zu trachten, reich, groß und geehrt zu sein in dieser Welt, in der sein Meister arm, gering und verachtet war" (Georg Müller).

„Die Leiden Christi schlossen Armut ein (2. Kor. 8, 9). Natürlich muß Armut nicht Lumpen und Schmutz bedeuten, aber es schließt den Mangel an Reserven ein und das Fehlen der Mittel, um luxuriös zu leben. Vor etwa dreißig Jahren wies Andrew Murray darauf hin, daß der Herr und seine Apostel niemals das Werk, das ihnen aufgetragen war, hätten vollenden können, wenn sie nicht ganz arm gewesen wären. Wer andere emporheben will, muß sich selbst niederbeugen wie der Samariter — und weitaus die Mehrzahl der Menschheit ist immer arm gewesen und ist es heute noch" (A. N. Groves).

Die Leute wenden ein, daß es gewisse materielle Besitztümer gibt, die für das häusliche Leben notwendig sind. Das stimmt.

Manche Leute führen an, daß christliche Geschäftsleute eine bestimmte Menge Kapital haben müssen, um heutzutage ein Geschäft zu führen. Das ist wahr. Andere Leute wenden ein, daß es Besitztümer gibt, wie zum Beispiel ein Auto, die sehr wohl zur Verherrlichung Gottes benutzt werden können. Das stimmt ebenfalls. Über diese gerechtfertigten Notwendigkeiten hinaus sollte ein Christ aber genügsam und opferfreudig leben, um der Ausbreitung des Evangeliums willen. Sein Wahlspruch sollte sein: „Arbeite schwer, verbrauche wenig, gib viel — und das alles für den Herrn" (A. N. Groves).

Jeder von uns steht verantwortlich vor Gott für das, was für ihn „allem entsagen" bedeutet. Der eine Gläubige kann das nicht einem anderen übertragen; jeder einzelne muß so handeln, wie es ihm nach persönlicher Prüfung vor dem Herrn klar wird. Es ist eine ausgesprochen persönliche Angelegenheit.

Es ist möglich, daß der Herr jemanden als Ergebnis einer solchen Prüfung in eine Haltung der Hingabe hineinführt, wie sie demjenigen bis dahin nicht bekannt war. Trotzdem ist kein Raum für persönlichen Stolz vorhanden; unsere Opfer sind in Wirklichkeit gar keine Opfer, wenn wir sie im Licht von Golgatha betrachten. Abgesehen davon geben wir dem Herrn nur das hin, was wir sowieso nicht halten können und was wir aufgegeben haben zu lieben.

„Der ist kein Narr, der hingibt, was er nicht behalten kann, um damit zu gewinnen, was er nicht verlieren kann" (Jim Elliot).

Hindernisse der Jüngerschaft

Jeder, der sich anschickt, Christus nachzufolgen, kann sicher sein, daß sich mancherlei Fluchtwege vor ihm auftun werden. Es werden sich ihm zahlreiche Gelegenheiten bieten, zurückzuweichen. Andere Stimmen werden auf ihn einreden und ihm vorschlagen, etwas vom Kreuz abzuschneiden. Unsichtbare Mächte stehen bereit, ihn vom Weg der Selbstverleugnung und der Hingabe abzuhalten.

Dies wird eindrücklich dargestellt in dem Bericht der drei, die Jesu Jünger hätten sein können, die aber anderen Stimmen den Vorrang gegenüber der Stimme Christi einräumten:

„Es begab sich aber, da sie auf dem Wege waren, sprach einer zu ihm: ‚Ich will dir folgen, wo du hingehst.‘ Und Jesus sprach zu ihm: ‚Die Füchse haben Gruben und die Vögel unter dem Himmel haben Nester, aber des Menschen Sohn hat nicht, da er sein Haupt hinlege.‘ Und er sprach zu einem anderen: ‚Folge mir nach.‘ Der aber sprach: ‚Herr, erlaube mir, daß ich zuvor hingehe und meinen Vater begrabe.‘ Aber Jesus sprach zu ihm: ‚Laß die Toten ihre Toten begraben; gehe du aber hin und verkündige das Reich Gottes.‘ Und ein anderer sprach: ‚Herr, ich will dir nachfolgen, aber erlaube mir zuvor, daß ich Abschied nehme von denen, die in meinem Hause sind.‘ Jesus aber sprach zu ihm: ‚Wer seine Hand an den Pflug legt und sieht zurück, der ist nicht geschickt zum Reich Gottes‘“ (Luk. 9, 57—62).

Drei nicht namentlich genannte Männer standen Jesus von Angesicht zu Angesicht gegenüber. Sie fühlten einen inneren Drang, ihm zu folgen, aber sie erlaubten, daß sich etwas anderes zwischen ihre Seele und eine völlige Hingabe an ihn stellte.

Herr Eilig

Wir wollen den ersten „Herrn Eilig nennen. Er bot sich begeistert an, dem Herrn überallhin zu folgen. „Ich will dir folgen, wo immer du hingehst." Keine Kosten sollten ihm zu hoch sein, kein Kreuz zu schwer, kein Weg zu steinig!

Die Antwort des Heilandes scheint auf den ersten Blick in gar keinem Zusammenhang mit dem bereitwilligen Angebot des Herrn Eilig zu stehen.

Jesus sagte: „Die Füchse haben Gruben, und die Vögel unter dem Himmel haben Nester, aber des Menschen Sohn hat nicht, da er sein Haupt hinlege." In Wirklichkeit war die Antwort des Herrn sehr passend. Es war so, als ob er sagte: „Du erklärst, daß du willens bist, mir überallhin zu folgen, aber bist du auch gewillt, ohne jede Bequemlichkeit auszukommen? Die Füchse besitzen mehr von den Annehmlichkeiten dieser Welt als ich. Die Vögel haben ein Nest, das sie ihr eigen nennen können, aber ich bin ein heimatloser Wanderer auf der Erde, die meine Hände geschaffen haben. Bist du bereit, die Sicherheit eines Heimes zu opfern, um mir zu folgen? Bist du bereit, die normalen Bequemlichkeiten des Lebens aufzugeben, um mir treu ergeben zu dienen?" Offensichtlich war dieser Mann nicht dazu bereit, denn wir hören in der Heiligen Schrift weiter nichts von ihm. Seine Liebe zur irdischen Bequemlichkeit war größer als seine Hingabe an Christus!

Den zweiten Mann wollen wir „Herr Langsam" nennen. Er kam nicht von sich aus wie der erste; der Heiland berief ihn vielmehr zum Nachfolger. Seine Entgegnung war keine strikte Ablehnung. Es war nicht
so, daß er völlig uninteressiert am Herrn gewesen wäre.
Es war da nur etwas, was er gern vorher noch tun
wollte. Das jedoch war seine Sünde. Er stellte seine
eigenen Ansprüche vor den Anspruch Christi. Achten
wir auf seine Antwort: „Herr, erlaube mir, daß ich
zuvor hingehe und meinen Vater begrabe."

Nun ist es zwar vollkommen in Ordnung, daß ein Sohn
seinen Eltern den gebührenden Respekt entgegenbringt,
und wenn ein Vater gestorben ist, so liegt es gewiß im
Rahmen des christlichen Glaubens, daß man ihm ein
würdiges Begräbnis bereitet. Doch eine an sich im Leben
angebrachte Höflichkeit wird zur Sünde, wenn sie über
die Interessen des Herrn Jesus gestellt wird. Der wirkliche Ehrgeiz dieses Mannes ist aus seinen Worten zu
erkennen: „Herr, . . . ich zuvor." Die anderen Worte,
die er sagte, waren bloß ein Versuch, seinen tatsächlichen
Wunsch, sich selbst voranzustellen, zu verbergen.

Offensichtlich hat er nicht begriffen, daß die Worte
„Herr, . . . ich zuvor" ein Widerspruch und eine Unmöglichkeit in sich sind. Wenn Christus wirklich der
Herr ist, dann muß er zuerst kommen. Wenn das persönliche Fürwort „Ich" auf dem Thron sitzt, hat Christus keine Befehlsgewalt mehr.

Herr Langsam mußte erst eine Arbeit vollenden, und
er stellte diese Arbeit an die erste Stelle. Es war deshalb
angebracht, daß Jesus zu ihm sprach: „Laß die Toten
ihre Toten begraben; gehe du aber hin und verkündige

das Reich Gottes." Wir können seine Worte auch wie folgt abwandeln: „Es gibt bestimmte Dinge, die ein geistlich Toter genauso wie ein Gläubiger tun kann. Sieh zu, daß du dein Leben nicht mit Sachen zubringst, die ein unbekehrter Mensch genauso gut hätte tun können. Laß die geistlich Toten ruhig die leiblich Toten begraben. Aber — was dich angeht — sei unabkömmlich. Der Haupttrieb dieses Lebens sei, meine Sache auf Erden voranzutreiben."

Der Preis scheint Herrn Langsam zu hoch gewesen zu sein; er verschwand von der Bühne der Zeit im namenlosen Schweigen.

Wie uns der erste Mann veranschaulicht, daß materielle Bequemlichkeit ein Hindernis für die Jüngerschaft ist, so zeigt uns der zweite, wie die Arbeit oder der Beruf den Vorrang vor dem Hauptzweck eines Christenlebens gewinnen können. Es ist nichts Unrechtes an nichtchristlicher Arbeit. Gottes Wille ist, daß ein Mann für seine Bedürfnisse und für die seiner Familie arbeiten soll, aber das Leben wahrer Jüngerschaft gebietet es, daß wir das Reich Gottes und seine Gerechtigkeit als erstes suchen, daß ein Gläubiger sein Leben nicht damit verbringen soll, zu tun, was die Unbekehrten ebenso gut, wenn nicht besser, erledigen können, und daß die Ausübung einer Beschäftigung nur dazu dient, für die laufenden Bedürfnisse zu sorgen, während die Hauptberufung eines Christen ist, das Reich Gottes zu predigen.

Herr Einfach

Der dritte Mann soll „Herr Einfach" genannt werden. Er gleicht dem ersten insofern, als auch er sich freiwillig anbietet, dem Herrn zu folgen. Dem zweiten ist er darin ähnlich, daß er die gleichen Worte des Widerspruchs gebraucht: „Herr, . . . ich zuvor." Er sagt: „Herr, ich will dir nachfolgen, aber erlaube mir zuvor, daß ich Abschied nehme von denen, die in meinem Hause sind." Wiederum müssen wir zugeben: an seiner Entgegnung ist nichts Falsches. Es steht nicht im Gegensatz zu Gottes Gebot, liebevolle Anteilnahme an seinen Verwandten zu nehmen oder die Regeln der Höflichkeit zu beachten, wenn man sie verläßt. Worin hat also dieser Mann versagt? Es war dies: Er gestattete der zärtlichen, natürlichen Verbundenheit zu seiner Familie, Christus von seinem Platz zu verdrängen.

So sagte ihm der Herr Jesus mit durchdringender Einsicht: „Wer seine Hand an den Pflug legt und sieht zurück, der ist nicht geschickt zum Reich Gottes." Mit anderen Worten: „Meine wirklichen Jünger sind nicht aus solch einem egoistischen, weichlichen Stoff gemacht wie du. Ich brauche Menschen, die bereit sind, auf häusliche Bindungen zu verzichten; solche, die nicht von sentimentalen Angehörigen abgelenkt werden; solche, die *mich* über alles in ihrem Leben stellen." Wir müssen annehmen, daß Herr Einfach Jesus verließ und traurig seiner Wege ging. Seine ehrliche Absicht, ein Jünger zu sein, zerbrach am Felsen zu angenehmer Familienbande. Vielleicht war es eine weinende Mutter, die schluchzte: „Du wirst das Herz deiner Mutter brechen, wenn du aufs Missionsfeld gehst!" Wir wissen es nicht. Alles, was wir wissen, ist, daß die Bibel gnädig davon absieht, den Namen dieses verzagten Mannes zu nennen, der — indem er sich zurückwandte — die größte Gelegenheit seines Lebens versäumte und die Inschrift auf seinem Grabe verdiente: „Nicht geschickt zum Reich Gottes."

Zusammenfassung

Dieses sind also drei der Haupthindernisse für die Jüngerschaft, dargestellt anhand von drei Männern, die nicht gewillt waren, den ganzen Weg mit dem Herrn zu gehen.

Herr Eilig — die Liebe zur irdischen Bequemlichkeit.

Herr Langsam — der Vorrang einer Beschäftigung oder eines Berufes.

Herr Einfach — die Vorrangstellung zärtlicher Familienbande.

Der Herr Jesus ruft auch heute noch — wie er schon immer gerufen hat — Männer und Frauen, die ihm tapfer und hingegeben folgen wollen.

Die Versuchung zum Zurückweichen ist noch immer da, und sie tritt mit bittenden Worten an uns heran: „Schone dich doch! Das sei ferne von dir!"

Nur wenige sind bereit, darauf zu antworten:

„Jesus, dein Kreuz will ich tragen, will verlassen Welt und Sünd, gern will ich Verfolgung leiden, du liebst mich ja als dein Kind. Ich will folgen dir, mein Heiland, du vergossest dein Blut für mich. Ob die Welt mich auch verachtet: Du verlässest mich ja nicht! Laß in dir mich ganz verlieren, dieser Welt gestorben sein, du alleine sollst mich führen, du bist mein und ich bin dein. Mögen Freunde mich verlassen, mein Erbarmer bleibt mir doch. Mag die ganze Welt mich hassen, liebst du mich, mein Heiland, noch."

Eifer

Einem Jünger kann nachgesehen werden, wenn er keine
großen geistigen Fähigkeiten besitzt. Es wird ihm weiter nachgesehen, wenn er keine besondere körperliche
Tapferkeit aufweist. Aber kein Jünger kann entschul-
digt werden, der keinen Eifer besitzt. Wenn sein Herz
nicht mit brennender Liebe zum Herrn erfüllt ist, so
ist er verloren.

Christen sind nämlich Nachfolger dessen, der gesagt
hat: „Der Eifer um dein Haus hat mich gefressen"
(Joh. 2, 17). Ihr Heiland wurde verzehrt von Leidenschaft für Gott und seine Interessen. In seiner Nachfolge
gibt es keinen Platz für Halbherzige.

Der Herr Jesus lebte in einem Zustand geistlicher Span-
nung. Dies wird angedeutet durch seine Worte: „Aber
ich muß mich zuvor taufen lassen mit einer Taufe, und
wie ist mir so bange, bis sie vollendet werde" (Luk.
12, 50). Und weiter durch seine denkwürdige Äußerung:
„Ich muß wirken die Werke des, der mich gesandt hat,
solange es Tag ist; es kommt die Nacht, da niemand
wirken kann" (Joh. 9, 4).

Der Eifer Johannes des Täufers wurde ihm vom Herrn
bescheinigt, indem er sagte „Er war ein brennend und
scheinend Licht" (Joh. 5, 35).

Der Apostel Paulus war auch ein Eiferer. Jemand hat
versucht, seine Inbrunst in der folgenden Darstellung
wiederzugeben:

„Es ist ein Mann, der unbesorgt darum ist, ob er sich
Freunde erwirbt; ohne die Hoffnung auf oder den

Wunsch nach weltlichem Besitz; ohne Kummer wegen weltlicher Verluste; ohne Besorgnis um sein irdisches Leben; ohne Todesfurcht. Er ist ein Mann ohne Stellung, Heimat und Stand, ein Mann mit einem Gedanken: ‚Das Evangelium von Christus.' Ein Mann, der nur einen einzigen Zweck verfolgt: die Verherrlichung Gottes. Ein Narr — und zufrieden damit, um Christi willen für einen Narren gehalten zu werden. Mag er von der Welt mit den Titeln Schwärmer, Fanatiker, Schwätzer oder irgendeiner anderen nicht zutreffenden Bezeichnung benannt werden, damit bleibt er unbeschrieben. Mag er ruhig unbeschrieben bleiben. Sobald man ihn aber als Krämer, Haushalter, Bürger, reichen Mann, Mann von Welt, Gelehrten oder sogar als Mann mit gesundem Menschenverstand bezeichnen würde, wäre es mit seinem Charakter vorbei. Er muß reden oder aber sterben, und wenn er gleich stürbe, würde er trotzdem reden. Er hat keine Ruhe, sondern eilt über Land und Meer, über Felsen und durch pfadlose Wüsten. Er ruft laut, spart nicht mit Worten und kann nicht aufgehalten werden. Im Gefängnis erhebt er seine Stimme, und in den Gefahren auf dem Meer schweigt er nicht. Vor grausamen Konzilien und gekrönten Königen zeugt er von der Wahrheit. Nichts, außer dem Tod, kann seine Stimme zum Schweigen bringen, und sogar in den Augenblicken vor seinem Tod, ehe das Beil seinen Kopf vom Rumpf trennt, predigt, betet, zeugt, bekennt, bittet und streitet er und segnet schließlich noch das grausame Volk um sich her."

Andere Gottesmänner haben denselben brennenden Wunsch gehabt, Gott zu gefallen.

C. T. Studd schrieb einmal:

„Es gibt solche, die innerhalb Klangweite von Kirchen-

oder Kapellenglocken zu leben wünschen. Ich aber möchte ein Geschäft zur Errettung innerhalb eines Abstandes von einem Meter vor der Hölle unterhalten."

Übrigens war es ein von einem Atheisten verfaßter Artikel, der Studd zur völligen Übergabe an Gott anspornte. Dieser Artikel lautete wie folgt:

„Wenn ich fest daran glaubte — wie es Millionen zu tun vorgeben —, daß das Wissen um und das praktische Ausleben der Religion in diesem Leben das Schicksal im anderen Leben beeinflußt, dann würde mir die Religion alles bedeuten. Ich würde irdische Vergnügungen als Unrat abtun, irdische Sorgen als Torheiten und irdische Gedanken und Gefühle als Eitelkeiten. Die Religion würde mein erster Gedanke beim Erwachen und mein letztes Bild vor Augen sein, ehe mich der Schlaf ins Unbewußte sinken ließe. Ich würde ausschließlich zu ihrem Zweck leben. Ich würde allein für die Ewigkeit Gedanken fassen. Ich würde eine für den Himmel gewonnene Seele eines ganzen Lebens voller Leiden für wert erachten. Irdische Folgen würden niemals mein Tun aufhalten noch meine Lippen verschließen. Die Welt mit ihren Freuden und Leiden würde keinen Augenblick meine Gedanken mit Beschlag belegen. Ich würde danach streben, nur auf die Ewigkeit und auf die unsterblichen Seelen um mich herum zu schauen, die so kurz davorstehen, entweder für ewig glücklich oder aber ewiglich elend zu sein. Ich würde in die Welt hinausgehen und predigen, zur Zeit und zur Unzeit, und mein Text würde sein: ‚*Was nützte es dem Menschen, wenn er die ganze Welt gewönne und verlöre seine Seele?*‘"

John Wesley war ein Mann voller Eifer. Er sagte: „Gebt

mir hundert Menschen, die Gott von ganzem Herzen lieben und nichts fürchten außer der Sünde, und ich will die Welt bewegen."

Jim Elliot, der Märtyrer in Ekuador, war eine für Christus brennende Fackel. Eines Tages, als er über die Worte nachdachte: „Er macht seine Diener zu Feuerflammen" (Hebr. 1, 7), schrieb er in sein Tagebuch:

„Bin ich entzündbar? Gott erlöse mich vom schrecklichen Asbest der ‚anderen Dinge'. Durchtränke mich mit dem Öl des Heiligen Geistes, daß ich aufflammen kann. Aber eine Flamme ist vergänglich — oft von kurzer Lebensdauer. Kannst du das ertragen, meine Seele — ein kurzes Leben? In mir wohnt der Geist jenes Großen, dessen Leben so kurz war, und den der Eifer für das Haus des Herrn verzehrte. ‚Flamme Gottes, laß mich dein Brennstoff sein!'" (Aus „Im Schatten des Allmächtigen".)

Die letzte Zeile ist aus einem Gebet von Amy Carmichael zitiert. Es ist nicht erstaunlich, daß Jim Elliot davon inspiriert wurde:

Vor dem Gebet, das bittet, mich zu schützen
vor den Winden, die dich schnitten,
vor der Furcht beim Vorwärtsgehen,
vor dem Straucheln beim Höherstreben
und vom verwöhnten Ich, o Herr, befreie
deinen Streiter, der dir folgen möchte.

Von der spitzfindigen Liebe zu schönen Dingen,
von leichter Wahl, Verweichlichungen —
denn nicht so wird der Geist gefestigt,
nicht so ging der Gekreuzigte —
von allem, das dein Golgatha verdunkelt mir,
erlöse mich, Lamm Gottes, Herr!

Gib mir die Liebe, die auf rechtem Wege leitet,
den Glauben, der kein Verzweifeln kennt,
die Hoffnung, die durch keine Enttäuschung ermüdet,
das Verlangen, das wie Feuer brennt.
Äschere mich nicht als toten Klumpen ein,
Flamme Gottes, laß mich dein Brennstoff sein.

Es ist eine Schande für die Kirche des zwanzigsten Jahrhunderts, daß offensichtlich mehr Eifer unter den Kommunisten und Sekten als unter den Christen herrscht.

1903 begann ein Mann mit 16 Anhängern seinen Angriff auf die Welt. Sein Name war Lenin. 1918 hatte sich die Zahl auf 40 000 erhöht, und mit diesen 40 000 erlangte er die Kontrolle über die 160 Millionen Menschen Rußlands. Die Bewegung ging voran und beherrscht nunmehr ein Drittel der ganzen Weltbevölkerung. So sehr man gegen ihre Grundsätze sein mag, so sehr muß man den Eifer dieser Menschen bewundern.

Viele Christen fühlten sich sehr betroffen, als Billy Graham den folgenden Brief verlas, den ein amerikanischer Student geschrieben hatte, der sich in Mexiko dem Kommunismus zuwandte. Der Zweck des Schreibens war, seiner Verlobten zu erklären, warum er das Verhältnis lösen müsse:

„Wir Kommunisten haben eine verhältnismäßig hohe Unfallrate. Wir sind diejenigen, die erschossen, erhängt, gelyncht, geteert, gefedert, eingesperrt, verleumdet und verhöhnt und aus unserer Stellung geworfen werden, denen man auf alle erdenkliche Weise das Leben schwer macht. Ein bestimmter Prozentsatz von uns wird getötet. Wir leben buchstäblich in Armut. Wir übermitteln jeden Pfennig unserer Partei, außer dem Allernotwendigsten, das wir brauchen, um uns am Leben zu erhalten. Wir Kommunisten haben weder Zeit noch Geld für viele Kino- oder Konzertbesuche, für große Koteletts oder ein anständiges Heim und neue Wagen. Wir werden als Fanatiker beschrieben. Wir sind es! Unser Leben wird regiert von einem großen, alles überschattenden Faktor: Dem Kampf für den Weltkommunismus.

Wir Kommunisten haben eine Lebensphilosophie, die mit keiner noch so großen Geldsumme zu erkaufen ist. Wir haben eine gerechte Sache, für die wir kämpfen, und ein klares Ziel für unser Leben. Unser eigenes kleines Ich wird der großen menschlichen Bewegung untergeordnet, und wenn unser persönliches Leben hart zu sein und unser Ich an der Unterordnung unter die Partei zu leiden scheint, so werden wir doch reichlich entschädigt durch den Gedanken, daß jeder einzelne von uns zu etwas Neuem, Wahrem und Besserem für die Menschheit beiträgt. Es gibt nur eines, womit ich es todernst meine, und das ist der Kommunismus. Er ist mein Leben, meine Arbeit, meine Religion, mein Hobby, mein Schatz, meine Frau und Geliebte, mein Brot und mein Fleisch. Ich arbeite des Tages dafür und träume davon in der Nacht.

Diese Beschlagnahmung ist ständig im Wachsen begriffen und wird niemals abnehmen. Deshalb kann ich keine Freundschaft, keine Liebesaffäre oder auch nur eine Unterhaltung aufrechterhalten, ohne sie in Beziehung zu dieser Macht zu bringen, die mein Leben führt und leitet. Ich bewerte Menschen, Bücher, Ideen und Handlungen danach, wie sie das Ziel des Kommunismus beeinflussen und wie sie dazu stehen. Ich war schon im Gefängnis wegen meiner Ideale, und wenn nötig, bin ich auch bereit, mich dafür vor das Exekutionskommando stellen zu lassen."

Wenn Kommunisten so ihrer Sache hingegeben sein können, wie sehr viel mehr sollten Christen sich ihrem Herrn in liebender, fröhlicher Hingabe schenken. Wenn der Herr Jesus überhaupt etwas wert ist, so ist er alles wert. „Wenn der christliche Glaube überhaupt wert ist, daß man daran glaubt, dann ist er einen Heldenglauben wert" (Findlay).

„Wenn Gott in Christus wirklich etwas getan hat, wovon das Heil der Welt abhängt, und wenn er es verkündigt hat, dann ist es die Pflicht eines Christen, unnachgiebig zu sein gegen alles, was diese Wahrheit nicht beachtet, ableugnet oder hinwegerklärt" (James Denney).

Gott braucht Menschen, die völlig unter der Kontrolle des Heiligen Geistes stehen. Diese Menschen mögen anderen als solche erscheinen, die trunken von Wein sind; doch jene, die es besser wissen, stellen fest, daß sie getrieben werden „von tiefem, großem, ständig währendem, nie gestilltem Durst nach Gott".

Daß doch jeder halbherzige Jünger die Notwendigkeit des Eifers für Gott auch in seinem Leben zu Herzen nehmen wollte! Daß er doch danach streben möchte, die Beschreibung, die Bischof Ryles gibt, zu erfüllen:

„Ein eifriger religiöser Mann ist in erster Linie ein Mann einer Sache. Es genügt nicht zu sagen, daß er ernst, voll Herzenswärme, mutig voranschreitend, mit ganzem Herzen dabei und glühenden Geistes ist. Er sieht nur eines, kümmert sich nur um eines, lebt nur für eines, wird ganz von einem gefangengenommen, und dieses eine ist, Gott zu gefallen. Ob er lebt, oder ob er stirbt — ob er gesund ist oder krank — ob er reich ist oder arm — ob er den Leuten zusagt oder ob er Anstoß erregt — ob er für klug gehalten wird oder für närrisch — ob er Tadel oder Lob erntet — ob er geehrt wird oder verachtet — alles dies kümmert den eifrigen Menschen überhaupt nicht. Er brennt für eine Sache, und zwar dafür, Gott zu gefallen und Gott zu verherrlichen. Wenn er von diesem Feuer verzehrt wird, sorgt er sich deshalb nicht, er ist zufrieden. Er fühlt, daß er — wie eine Lampe — zum Brennen geschaffen ist, und wenn er dabei verzehrt wird, so hat er nur das getan, wozu Gott ihn berufen hatte.

Ein solcher Mensch wird auch immer einen Wirkungskreis für seinen Eifer finden. Wenn er nicht selbst predigen und arbeiten und geben kann, wird er weinen und seufzen und beten. Ja, wenn er nur ein ganz armer Mann ist, auf ein langes Krankenlager geworfen, so wird er es der Sünde um sich herum schwer machen durch sein anhaltendes Beten gegen sie. Kann er nicht unten im Tal mit Josua kämpfen, wird er die Arbeit von Mose, Aaron und Hur, oben auf dem Berge, tun (2. Mose 17, 9—13). Ist er zu eigener Arbeit nicht imstande, wird er dem Herrn keine Ruhe lassen, bis Hilfe von anderer Seite gewonnen ist und die Arbeit vollendet wird. Das meine ich, wenn ich von ‚Eifer in der Religion‘ spreche.“

Glaube

Ohne einen tiefen Glauben an den lebendigen Gott gibt es keine wahre Jüngerschaft. Wer große Taten für Gott ausführen will, muß ihm zuvor blind vertrauen. „Alle großen Gottesmänner sind schwache Menschen gewesen, die deshalb große Dinge für Gott taten, weil sie sich fest darauf verließen, daß er mit ihnen sein würde" (Hudson Taylor).

Wahrer Glaube gründet sich immer auf irgendeine Verheißung Gottes, auf irgendeinen Teil seines Wortes. Das ist wichtig. Zuerst hört oder liest der Gläubige eine Verheißung des Herrn. Der Heilige Geist nimmt diese Verheißung und bringt sie seinem Herzen und Gewissen in persönlicher Weise nahe. Der Christ wird inne, daß Gott zu ihm persönlich gesprochen hat. Voll Vertrauen in die Glaubwürdigkeit dessen, der die Verheißung gegeben hat, rechnet er mit dieser Verheißung so gewiß, als wäre sie bereits erfüllt, obgleich dieses — menschlich gesprochen — unmöglich ist.

Vielleicht ist es auch mehr ein Gebot als eine Verheißung. Für den Glauben bedeutet das keinerlei Unterschied. Wenn Gott etwas befiehlt, befähigt er auch dazu. Als er Petrus gebot, auf dem Wasser zu wandeln, konnte Petrus gewiß sein, daß er die nötige Macht dazu bekam (Matth. 14, 28). Wenn er uns gebietet, das Evangelium aller Kreatur zu predigen, können wir der nötigen Gnade sicher sein (Mark. 16, 15).

Der Glaube bewegt sich nicht im Reiche des „Möglichen". Die Herrlichkeit Gottes wird nicht offenbar in dem, was menschlich möglich ist. Der Glaube beginnt vielmehr da, wo die Macht des Menschen endet. „Das Gebiet des Glaubens beginnt, wo die Wahrscheinlichkeit aufhört und wo Schauen und Vernunft versagen" (Georg Müller).

Der Glaube spricht: „Wenn ‚unmöglich' das einzige Hindernis ist, dann kann es geschehen!" „Der Glaube ruft Gott auf den Plan und weiß daher überhaupt nichts von Schwierigkeiten — ja, er lacht der Unmöglichkeiten. In der Beurteilung vom Glauben her ist Gott die volle Antwort auf alle Fragen, die großartige Lösung aller Schwierigkeiten. Der Glaube überläßt alles ihm. Und letzten Endes bedeutet es für den Glauben dasselbe, ob es sich um 600 000 Dollar oder um 600 Millionen handelt, er weiß, daß Gott allgenügend ist. Er findet alles Notwendige in ihm. Der Unglaube sagt: ‚Wie kann dieses oder jenes möglich sein?' Er ist voller ‚Wie's', doch der Glaube kennt die eine große Antwort auf zehntausend ‚Wie's' — ‚Gott'" (C. H. Mackintosh).

Menschlich gesprochen war es für Abraham und Sara unmöglich, ein Kind zu bekommen. Doch Gott hatte es verheißen, und für Abraham gab es nur eine Unmöglichkeit: Die, daß Gott lügen könnte.

Und „er hat geglaubt auf Hoffnung, da nichts zu hoffen war, auf daß er würde ein Vater vieler Völker, wie denn zu ihm gesagt ist: Also soll dein Same sein. Und er ward nicht schwach im Glauben, sah auch nicht an seinen eigenen Leib, welcher schon gestorben war, weil er fast hundertjährig war, auch nicht den erstorbenen Leib der Sara; denn er zweifelte nicht an der Verheißung Gottes durch Unglauben, sondern ward stark im Glauben und gab Gott die Ehre und wußte aufs allergewisseste, daß, was Gott verheißt, das kann er auch tun" (Röm. 4, 18—21).

„Glaube, starker Glaube sieht die Verheißung,
denn er sieht auf Gott.
Wo andere Unmöglichkeiten sehen, sagt er:
„Nichts ist unmöglich bei ihm,
und es wird geschehen!'"

„Denn bei Gott ist kein Ding unmöglich" (Luk. 1, 37). „Sollte dem Herrn etwas unmöglich sein?" (1. Mose 18, 14.) „Was bei den Menschen unmöglich ist, das ist bei Gott möglich" (Luk. 18, 27).

Der Glaube nimmt die Verheißung in Anspruch: „Alle Dinge sind möglich dem, der da glaubt" (Mark. 9, 23) und frohlockt mit Paulus: „Ich vermag alles durch den, der mich mächtig macht, Christus" (Phil. 4, 13).

„Zweifel schaut auf die Hindernisse —
der Glaube sieht den Weg;
Zweifel schaut die tiefste Nacht —
der Glaube sieht den Tag;
Zweifel fürchtet, einen Schritt zu gehen —
der Glaube schwingt zur Höh' sich auf;
Zweifel fragt: ‚Wer glaubt schon?' —
der Glaube sagt: ‚Ich!'"

Weil der Glaube mit dem Übernatürlichen und Göttlichen zu tun hat, scheint er nicht immer „vernünftig" zu sein. Es war von Abraham nicht gerade mit „gesundem Menschenverstand" gehandelt, als er auszog, ohne zu wissen, wohin, einfach Gottes Befehl gehorchend (Hebr. 11, 8). Es war nicht „schlau überlegt" von Josua, die Stadt Jericho ohne tödliche Waffen anzugreifen (Jos. 6, 20). Die Weltmenschen spotteten über solchen Wahnsinn. Aber es gelang!

In Wirklichkeit ist der Glaube etwas sehr Vernünftiges. Was ist denn vernünftiger, als daß ein Geschöpf seinem Schöpfer vertraut? Ist es Wahnsinn, an jemanden zu glauben, der weder lügen noch fehlen oder sich irren kann? Gott zu vertrauen, ist das Vernünftigste, Klügste und Gescheiteste, was ein Mensch überhaupt tun kann. Es ist kein Sprung ins Ungewisse. Der Glaube verlangt den unfehlbarsten Beweis und findet ihn in Gottes unfehlbarem Wort. Niemand hat jemals umsonst auf Gott vertraut; niemand wird es jemals tun. Der Glaube an den Herrn bringt keinerlei Risiko mit sich.

Glaube verherrlicht Gott und räumt ihm den rechten Platz ein als dem, der vollkommen vertrauenswürdig ist. Andererseits verunehrt der Unglaube Gott, er macht ihn zum Lügner (1. Joh. 5, 10). „Er betrübt den Heiligen in Israel" (Ps. 78, 41).

Der Glaube stellt auch den Menschen an den rechten Platz — als demütig Bittenden in den Staub vor den allmächtigen Herrn über alle Dinge.

Der Glaube ist etwas dem Schauen Entgegengesetztes. Paulus erinnert uns daran, daß „wir nicht im Schauen wandeln, sondern im Glauben" (2. Kor. 5, 7). Im Schauen wandeln heißt, sichtbare Stützen haben, angemessene Rücklagen für die Zukunft, es bedeutet, menschliche Klugheit dadurch zu beweisen, daß man sich gegen unvorhergesehene Zwischenfälle versichert. Der Weg des Glaubens ist das genaue Gegenteil; er bedeutet ein fortwährendes, vollkommenes Verlassen auf Gott allein. Er ist eine immerwährende Entscheidung in bezug auf das Abhängigsein von Gott. Unser Fleisch schreckt zurück vor der Stellung gänzlicher Abhängigkeit von einem unsichtbaren Gott. Es versucht, sich

Sicherheit vor eventuellen Verlusten zu schaffen. Wenn es nicht erkennen kann, wie es weitergehen soll, besteht die Gefahr eines Zusammenbruchs seines gesamten Nervensystems. Doch der Glaube schreitet voran im Gehorsam gegen das Wort Gottes, erhebt sich über die Verhältnisse und vertraut dem Herrn, daß er alle Bedürfnisse befriedigt.

Jeder Jünger, der sich dazu entschließt, im Glauben zu wandeln, kann sicher sein, daß sein Glaube geprüft werden wird. Früher oder später wird er am Ende seiner menschlichen Fähigkeiten angelangt sein. In der größten Not wird er versucht sein, sich an seine Mitmenschen zu wenden. Wenn er aber wirklich dem Herrn vertraut, wird er allein auf Gott schauen.

Es ist die normale Haltung eines Jüngers, sich nach Wachstum im Glauben zu sehnen (Luk. 17, 5). Er hat sich bereits Christus für sein Heil anvertraut. Nun trachtet er danach, die Gebiete seines Lebens, die der Kontrolle des Herrn unterworfen sind, auszudehnen.

Wenn er sich Krankheit, Versuchungen, Tragödien und schmerzlichen Verlusten gegenübersieht, lernt er Gott auf eine neue, innigere Weise kennen, und sein Glaube wird gestärkt. Er beweist die Wahrheit der Verheißung: „Dann werden wir acht darauf haben und fleißig sein, daß wir den Herrn erkennen" (Hos. 6, 3). Je mehr er Gott vertrauenswürdig findet, desto mehr will er ihm auch in großen Dingen sein Vertrauen schenken.

Da der Glaube aus der Predigt kommt und die Predigt aus dem Wort Gottes, sollte das Sehnen eines Jüngers sein, sich immer mehr in das Wort Gottes zu vertiefen, es zu hören, zu lesen, zu studieren, zu behalten und Tag und Nacht darüber nachzudenken. Sie ist seine

Karte, sein Kompaß, sein Führer und Tröster, seine Leuchte und sein Licht.

Im Glaubensleben ist immer Raum für Wachstum und Fortschritt. Wenn wir lesen, was allein durch den Glauben erreicht wurde, erkennen wir, daß wir wie kleine Kinder sind, die am Rande eines großen Ozeans spielen. Die großen Taten des Glaubens werden uns in Hebräer 11 vor Augen gestellt. Sie klingen zusammmen im mächtigen Chor in den Versen 32 bis 40:

„Und was soll ich mehr sagen? Die Zeit würde mir zu kurz, wenn ich sollte erzählen von Gideon und Barak und Simson und Jephthah und David und Samuel und den Propheten, welche haben durch den Glauben Königreiche bezwungen, Gerechtigkeit gewirkt, Verheißungen erlangt, der Löwen Rachen verstopft, des Feuers Kraft ausgelöscht, sind des Schwertes Schärfe entronnen, sind kräftig geworden aus der Schwachheit, sind stark geworden im Streit, haben der Fremden Heere darniedergelegt, Weiber haben ihre Toten durch Auferstehung wiederbekommen. Andere aber sind erschlagen und haben keine Erlösung angenommen, auf daß sie die Auferstehung, die besser ist, erlangten. Etliche haben Spott und Geißeln erlitten, dazu Bande und Gefängnis. Sie wurden gesteinigt, zerhackt, zerstochen, durchs Schwert getötet. Sie sind umhergegangen in Schafspelzen und Ziegenfellen, mit Mangel, mit Trübsal, mit Ungemach (deren die Welt nicht wert war) und sind im Elend umhergeirrt in den Wüsten, auf den Bergen und in den Klüften und Löchern der Erde. Diese alle haben durch den Glauben Zeugnis überkommen und nicht empfangen die Verheißung, darum daß Gott etwas Besseres für uns zuvor ersehen hat, daß sie nicht ohne uns vollendet würden."

Noch ein Wort zum Schluß: Wir haben schon erwähnt, daß ein Jünger, der im Glauben wandelt, zweifellos von Weltmenschen oder sogar von Christen als „Träumer und Fanatiker" angesehen wird. Dann ist es gut, sich daran zu erinnern, daß „der Glaube, der einen Menschen befähigt, mit Gott zu wandeln", ihn auch in die Lage versetzt, die Ansichten der Menschen ihrem Wert gemäß richtig einzustufen (C. H. Mackintosh).

Das Gebet

Das einzige völlig befriedigende Buch, das je über das Gebet geschrieben wurde, ist die Bibel selbst. Alle anderen Abhandlungen lassen in uns das Gefühl zurück, daß es Tiefen gibt, die nicht erreicht, und Höhen, die nicht erklommen wurden. Wir können auch nicht erwarten, daß wir in diesem Büchlein die Bemühungen anderer übertreffen. Alles, was wir tun können, ist, einige der wichtigsten Gebets-Prinzipien zusammenzufassen und hier besonders solche, die mit der Jüngerschaft zu tun haben.

1. Das beste Gebet entstammt einem starken inneren Bedürfnis. Wir haben alle schon erfahren, daß das stimmt. Wenn unser Leben heiter und ruhig verläuft, neigen unsere Gebete leicht dazu, matt und träge zu sein. Wenn wir uns aber in einer Krise oder in Gefahr befinden, oder schwer krank sind, oder wenn uns ein schwerer Verlust betroffen hat, dann sind unsere Gebete innig und lebendig. Jemand hat einmal gesagt, daß „der Pfeil, der in den Himmel eindringen soll, von einem Bogen abgeschossen werden muß, der straff gespannt ist". Der Zustand der Dringlichkeit, Hilflosigkeit oder bewußter Not ist der Leib, aus dem die besten Gebete geboren werden.

Unglücklicherweise verbringen wir die meiste Zeit unseres Lebens mit dem Versuch, uns vor Armut zu schützen. Indem wir kluge Geschäftsmethoden anwenden, schaffen wir Reserven für jegliche vorstellbare, unvorhergesehene Zufälligkeit. Durch rein menschliche Klugheit erreichen wir den Punkt, an dem wir wohlhabend sind, Besitz haben und es uns an nichts fehlt. Dann wundern wir uns, warum unser Gebetsleben oberflächlich und tot ist und warum kein Feuer vom Himmel fällt. Wenn wir aufrichtig im Glauben anstatt im Schauen wandelten, würde unser Gebetsleben revolutioniert werden.

2. Eine der Bedingungen erfolgreichen Betens ist, daß wir „hinzugehen mit wahrhaftigem Herzen" (Hebr. 10, 22). Das bedeutet, daß wir vor dem Herrn wahr und aufrichtig sein müssen. Es darf keine Heuchelei dabei sein. Wenn wir diese Bedingungen erfüllen, werden wir niemals den Herrn um etwas bitten, das wir aus eigener Kraft vollbringen können.

Zum Beispiel werden wir ihn dann niemals darum bitten, einen bestimmten Betrag für ein christliches Vorhaben zu beschaffen, wenn wir selbst Extra-Gelder besitzen, die dafür verwandt werden könnten. Gott läßt sich nicht spotten. Er beantwortet keine Gebete, wenn er uns die Antwort bereits gegeben hat, wir jedoch nicht bereit sind, die Antwort zu verwenden.

Gleichfalls sollten wir den Herrn nicht bitten, andere hinauszusenden, um seine Aufträge auszuführen, wenn wir selbst nicht gewillt sind, zu gehen. Tausende von Gebeten sind für Moslems, Hindus und Buddhisten gesprochen worden. Wenn aber alle, die beteten, auch willig gewesen wären, vom Herrn beim Erreichen dieser Menschen gebraucht zu werden, würde die Geschichte der christlichen Missionare vielleicht eine ermutigendere sein.

3. Das Gebet sollte einfach, gläubig und ohne Fragen sein. Es ist nur zu leicht möglich, daß wir in die theologischen Probleme, das Gebet betreffend, verwickelt

werden. Das dient nur dazu, die geistlichen Sinne abzustumpfen. Es ist viel besser zu beten, als die Geheimnisse des Gebets erklären zu wollen. Laßt doch die Doktoren der Theologie ihre Theorien über das Gebet aufstellen. Der schlichte Gläubige aber bestürme mit seinem Gebet die Tore des Himmels in kindlichem Vertrauen. Es war Augustinus, der sagte: „Die Ungelehrten nehmen den Himmel mit Gewalt ein, und wir — mit all unserem Wissen — überwinden Fleisch und Blut nicht."

Ich weiß nicht, auf welch seltsamem Wege, doch ich weiß — Gott erhört Gebet.
Ich weiß nicht, wann er uns zusagte, daß inständiges Gebet erhört wird.
Ich weiß aber: Es kommt, früher oder später, darum sollen wir beten und warten.
Ich weiß nicht, ob der erbetene Segen so kommt, wie ich ihn erbeten habe.
Meine Gebete lasse ich bei ihm zurück, denn sein Wille ist weiser als meiner.   Lola C. Henson

4. Um wirkliche Gebetsmacht zu besitzen, darf nichts zurückgehalten werden. Gib dich Christus ganz hin. Gehe ganz mit ihm. Entsage allem, um dem Heiland zu folgen. Die Art von Frömmigkeit, die Christus zum Herrn über alles krönt, ist die Art, die er gerne ehren will.

5. Gott scheint besonderen Wert auf Gebete zu legen, die uns etwas kosten. Die, die früh am Morgen aufstehen, erleben die Freude der Gemeinschaft mit dem, der gleicherweise früh aufstand, um von seinem himmlischen Vater die Anweisungen für den Tag zu erhalten. Genauso ist es mit den Menschen, die es so ernst mei-

nen, daß sie willens sind, eine ganze Nacht hindurch zu beten; sie gewinnen eine göttliche Macht, die nicht zu leugnen ist.

Das Neue Testament verbindet Gebet oft mit Fasten. Die Enthaltung von Nahrung kann eine wertvolle Hilfe bei geistlichen Übungen sein. Vom Menschlichen her gesehen, fördert sie geistige Klarheit, Konzentration und Schärfe. Von Gott her gesehen scheint es so, als ob er in besonderer Weise willig wäre, Gebete zu erhören, wenn wir diese über unsere nötige Nahrung setzen.

6. Vermeide selbstsüchtige Gebete. „Ihr bittet und nehmet nicht, darum, daß ihr übel bittet, nämlich dahin, daß ihr's mit euren Wollüsten verzehret" (Jak. 4, 3). Die vordringlichen Anliegen in unseren Gebeten sollen die Interessen des Herrn sein. Zuerst sollten wir beten: „Dein Reich komme, dein Wille geschehe im Himmel also auch auf Erden." Dann mögen wir hinzufügen: „Unser täglich Brot gib uns heute."

7. Wir sollten Gott durch große Anliegen ehren, denn er ist ein großer Gott. Laßt uns Glauben haben, um auch große Dinge von Gott zu erwarten!

Du kommst zu einem großen König,
was du erbittest, ist groß,
doch seine Liebe und seine Macht sind so groß,
daß du nie zuviel erbitten kannst.

John Newton

„Wie oft haben wir den Herrn dadurch betrübt, daß wir so wenig von ihm erwartet haben. Wir sind mit so mageren Triumphen zufrieden gewesen, mit solch armseligen Kenntnissen, mit schwachem Verlangen nach höheren Dingen, daß wir unsere Umgebung nicht damit beeindrucken konnten, daß unser Gott ein großer Gott ist. Wir haben ihn vor den Augen der Menschen, die ihn nicht kennen, nicht durch ein Leben verherrlicht, das ihre Aufmerksamkeit gefesselt und ihr Interesse für eine Kraft erweckt hätte, durch die auch sie gehalten werden könnten. Oft genug konnte von uns nicht wie von den Aposteln gesagt werden: ‚Sie lobten Gott in mir'" (E. W. Moore).

8. Beim Gebet sollten wir zunächst sicher sein, daß wir uns im Willen Gottes befinden. Dann sollten wir beten und glauben, daß er erhören und antworten wird. „Und das ist die Freudigkeit, die wir haben zu ihm, daß, wenn wir etwas bitten nach seinem Willen, so hört er uns. Und so wir wissen, daß er uns hört, was wir bitten, so wissen wir, daß wir die Bitten haben, die wir von ihm gebeten haben" (1. Joh. 5, 14. 15).

Im Namen des Herrn Jesus bitten heißt, nach seinem Willen zu beten. Wenn wir wahrhaftig in seinem Namen beten, ist es dasselbe, als ob er selbst die Bitte an Gott, seinen Vater, richtete. „Und was ihr bitten werdet in meinem Namen, das will ich tun, auf daß der Vater geehrt werde in dem Sohne. Was ihr bitten werdet in meinem Namen, das will ich tun" (Joh. 14, 13. 14). „Und an dem Tage werdet ihr mich nicht fragen. Wahrlich, wahrlich, ich sage euch: So ihr den Vater etwas bitten werdet in meinem Namen, so wird er's euch geben" (Joh. 16, 23). „Weiter sage ich euch: Wo zwei unter euch eins werden auf Erden, worum es ist, daß sie bitten wollen, das soll ihnen widerfahren von meinem Vater im Himmel. Denn wo zwei oder drei versammelt sind in meinem Namen, da bin ich mitten unter ihnen" (Matth. 18, 19. 20).

„‚In seinem Namen' zu bitten bedeutet, bei der Hand genommen und von ihm ins Gebet geführt zu werden; es bedeutet — wenn ich so sagen darf —, daß er an unserer Seite kniet, und daß seine Bitten durch unser Herz strömen. Das ist die Bedeutung des ‚in seinem Namen bitten'. Sein Name ist er selbst, sein Wesen, und darum muß ‚im Namen Jesu bitten' heißen, daß wir in Übereinstimmung mit seinem guten Willen beten. Kann ich im Namen des Sohnes Gottes um etwas Schlechtes beten? Das, wofür ich bete, sollte in Wirklichkeit ein Ausdruck seines Wesens sein. Ist mein Gebet das wirklich? Das Gebet sollte die Kraft des Heiligen Geistes ausströmen, den Geist Jesu, den Willen Christi in uns und für uns. Der Herr möge es uns immer besser lehren, in seinem Namen zu beten. Es sollte uns nicht einfallen, ein Gebet ohne die Worte ‚im Namen des Herrn' zu schließen, aber dann sollte auch das ganze Gebet von diesem herrlichen Namen Jesus durchdrungen sein und alles sich auf diesen Namen beziehen" (Samuel Ridout).

9. Wenn unser Gebet wahrhaft wirkungsvoll sein soll, dürfen wir beim Herrn keine großen Konten führen. Damit meinen wir, daß jede Sünde bekannt und aufgegeben werden muß, sobald wir uns bewußt werden, daß sie in unser Leben eingedrungen ist. „Wo ich Unrechtes vorhätte in meinem Herzen, so würde der Herr nicht hören" (Ps. 66, 18). Wir müssen in Christus bleiben. „So ihr in mir bleibet und meine Worte in euch bleiben, werdet ihr bitten, was ihr wollt, und es wird euch widerfahren" (Joh. 15, 7). Wer in Christus bleibt, ist so eng mit ihm verbunden, daß er von einem Wissen um des Herrn Willen erfüllt ist. Er kann darum weise beten und der Erhörung gewiß sein. Dieses in ihm bleibende Leben erfordert, daß wir seine Gebote halten.

„Was wir bitten, werden wir von ihm nehmen, denn wir halten seine Gebote und tun, was vor ihm gefällig ist" (1. Joh. 3, 23).

Die rechte Herzenseinstellung ist nötig, wenn unsere Gebete erhört und beantwortet werden sollen (1. Joh. 3, 20).

10. Wir sollten nicht nur zu bestimmten Tageszeiten beten; wir sollten eine Gebetshaltung einnehmen, so daß wir innerlich stets auf den Herrn schauen, ob wir nun eine Straße entlanggehen, einen Wagen fahren, am Schreibtisch arbeiten oder zu Hause sind. Nehemia ist ein klassisches Beispiel für diese spontane Art des Gebetes (Neh. 2, 4b). Es ist gut, im „Verborgenen des Allerhöchsten" zu wohnen und nicht nur gelegentliche Besuche dort abzustatten.

11. Und schließlich sollten unsere Gebete zielstrebig sein. Nur dann, wenn wir für fest umrissene Dinge beten, können wir klare Antworten erwarten.

Das Gebet ist ein wunderbares Vorrecht. Auf diese Art und Weise können wir — wie Hudson Taylor sagte — lernen, Menschen durch Gott zu bewegen. „Welche Möglichkeiten zum Dienst sind in unsere Hände gegeben, durch das Gebet Wunder zu wirken! Wir können Sonnenschein an kalte und finstere Orte bringen. Wir können das Licht der Hoffnung im Gefängnis der Verzagtheit anzünden. Wir können die Ketten von den Gliedern der Gefangenen lösen. Wir können Wärme und heimatliche Gedanken in fremdes Land senden. Wir können den geistlich Schwachen himmlische Stärkung zutragen, obwohl sie jenseits der Meere arbeiten. Wunder als Antwort auf Gebet!" (J. H. Jowett).

Davon zeugt auch ein Schriftsteller namens Wenham:
„Das Predigen ist eine seltene Gabe; Beten ist aber eine
noch seltenere. Die Predigt ist — wie das Schwert —
eine Waffe, die nur auf begrenztem Raum angewandt
werden kann; solche, die weit entfernt sind, können
damit nicht erreicht werden. Das Gebet hat — wie der
Hinterlader — eine größere Reichweite und ist unter
manchen Umständen sogar noch wirksamer."

Herr, welche Wandlung in unserem Innern bringt schon
eine Stunde deiner Gegenwart zustande;
welch schwere Bürde nimmt sie von unserem Herzen,
wie ein Sommerregen erfrischt sie dürren Grund,
wir knien — und alles um uns her scheint gering zu
werden, wir stehen auf, und alles, das weit Entfernte
und das Nahe,
steht in erhelltem Umriß leuchtend klar vor unseren
Augen.
Wir knien in Schwachheit; wir erheben uns in Kraft!
Wie sollten wir uns und anderen den Anblick unserer
Schwachheit bieten,
von Sorgen übermannt, ängstlich und hart, schwach und
verzagt;
wie konnte nicht Kraft von uns ausgehen, wo Gebete
in uns und Freude, Stärke und Mut bei dir sind?

Trench

Kriegführung

Man kann beim Lesen des Neuen Testamentes — selbst wenn es nicht sehr gründlich geschieht — kaum übersehen, daß das Bild der Kriegführung oft gebraucht wird, um das Programm Christi auf Erden klarzumachen. Wirkliches Christsein ist weit entfernt von leichtfertiger Unterhaltung, wie wir sie im modernen Christentum oft finden. Es darf mit dem Leben in Luxus und der Suche nach Vergnügen, die heute so überhandnehmen, nicht auf eine Stufe gestellt werden. Nein, es ist ein Kampf auf Leben und Tod, ein nicht endender Streit gegen die Mächte der Hölle. Kein Jünger taugt auch nur das geringste, dem nicht ganz klar ist, daß der Kampf begonnen hat, und daß es kein Zurückweichen gibt.

Im Kriege muß Einigkeit herrschen. Es ist keine Zeit vorhanden für kleinliches Gezänk, für parteiliche Eifersüchteleien, für geteilte Treue. Kein Haus, das in sich uneins ist, kann bestehen. Deshalb müssen die Soldaten Christi sich einig sein. Der Weg zur Einigkeit aber führt über die Demut des einzelnen. Philipper 2 lehrt das ganz klar. Es ist nahezu unmöglich, mit einem wirklich demütigen Menschen in Streit zu geraten. Es gehören nämlich immer zwei dazu, einen Kampf auszutragen. „Nur durch Stolz entsteht Streit." Wo es keinen Stolz gibt, ist auch kein Streit.

Der Krieg erfordert ein hartes, opferbereites Leben. In jedem Krieg, in dem man die Konsequenzen zieht, findet sich unweigerlich ein Einteilungssystem. Es ist höchste Zeit, daß sich die Christen darüber klarwerden, daß wir uns im Krieg befinden, und daß die Ausgaben auf ein Minimum beschränkt werden müssen, so daß so viel wie möglich in den Kampf geworfen werden kann.

Nicht viele erkennen das so klar wie ein junger Gläubiger namens R. M. 1960 war er Klassensprecher der ersten Klasse einer christlichen höheren Schule. Während seiner Amtszeit wurde vorgeschlagen, daß einige Auslagen für die üblichen Klassenfeiern, Klubjacken und ein Klassengeschenk gemacht werden sollten. R. M. zog es vor, von seinem Posten als Klassenpräsident zurückzutreten und nicht solchen Ausgaben, die nicht direkt der Ausbreitung des Evangeliums dienten, zuzustimmen. Der nachstehende Brief wurde an dem Tage, an dem sein Rücktritt bekannt wurde, an die Mitschüler seiner Klasse verteilt:

„Liebe Klassenkameraden!

Seitdem die Sache mit den Klassenfeiern, den Jacken und dem Klassengeschenk vor den Ausschuß gekommen ist, habe ich mir als Präsident der Klasse die Stellung eines Christen zu diesen Dingen durch den Sinn gehen lassen.

Ich bin der Meinung, wir selbst würden die größte Freude haben, wenn wir uns selbst, unsere Zeit, unser Geld ganz für Christus und andere dahingeben, indem wir die Wahrheit der Worte erführen: ‚Wer sein Leben hingibt um meinetwillen, der wird es finden.' Wenn Christen ihr Geld und ihre Zeit für Dinge verwenden, die kein klares Zeugnis für Ungläubige sind und auch nicht dazu beitragen, daß Gotteskinder in ihm wachsen, so scheint mir das unvereinbar zu sein mit der Tatsache, daß 7000 Menschen täglich den Hungertod sterben, und daß mehr als die Hälfte der Weltbevölkerung niemals etwas von des Menschen einziger Hoffnung gehört hat.

Wieviel mehr könnten wir doch Gott ehren, wenn wir dazu beitrügen, unsere Nachbarn und die 60 Prozent aller Menschen auf Erden, die niemals etwas von Jesus Christus gehört haben, mit dem Evangelium zu erreichen, anstatt in einer kleinen Gruppe unter uns zusammenzukommen, in die wir nur die aufnehmen, die uns gleichgesinnt sind, und Geld und Zeit zu unserem eigenen Vergnügen verschwenden.

Da ich diese besonderen Nöte und Gelegenheiten kenne, für die Geld zur Ehre Jesu Christi verwendet werden kann sowie dazu, meinem Nächsten hier und draußen zu helfen, ist es mir unmöglich, zuzugeben, daß Klassengelder unnötigerweise für uns selbst ausgegeben werden. Wenn ich einer von denen wäre, die in so großer Not sind, wie ich es von vielen weiß, würde ich wünschen, daß diejenigen, welche die Möglichkeiten dazu haben, mir das Evangelium brächten und mir auch in meiner materiellen Not beistünden. ‚Und wie ihr wollt, daß euch die Leute tun sollen, so tut ihr ihnen auch.‘ ‚Aber so jemand der Welt Güter hat und sieht seinen Bruder darben und verschließt sein Herz vor ihm, wie bleibt die Liebe Gottes in ihm?‘

Darum erkläre ich — mit Liebe zu euch und mit dem Gebet, daß ihr erkennen möchtet, daß der Herr Jesus sein alles gab (2. Kor. 8, 9) — meinen Rücktritt als Klassensprecher der Klasse 63.

In ihm verbunden, R. M."

Der Krieg fordert Opfer. Wenn heutzutage junge Männer willig sind, ihr Leben für ihr Land hinzugeben, wieviel mehr sollten Christen willig sein, ihr Leben um Christi und des Evangeliums willen zu lassen. Ein billiger Glaube taugt nichts. Wenn der Herr Jesus uns überhaupt irgend etwas bedeutet, sollte er uns auch alles bedeuten, und keine Rücksichtnahme auf persönliche Sicherheit oder Verschonung mit Leiden sollte uns von unserem Dienst für Christus abhalten.

Als der Apostel Paulus sein Apostelamt gegen die Angriffe seiner engherzigen Kritiker zu verteidigen suchte, wies er nicht auf seine Familie, seine Ausbildung oder seine weltlichen Kenntnisse hin, sondern er verwies sie auf seine Leiden um Jesu willen. „Sie sind Diener Christi, ich bin's wohl mehr. Ich habe mehr gearbeitet, ich habe mehr Schläge erlitten, ich bin öfter gefangen, oft in Todesnöten gewesen, von den Juden habe ich fünfmal empfangen vierzig Streiche weniger eins, ich bin dreimal gestäubt, einmal gesteinigt, dreimal habe ich Schiffbruch erlitten, Tag und Nacht habe ich zugebracht in der Tiefe des Meeres; ich bin oft gereist; ich bin in Gefahr gewesen durch die Flüsse, in Gefahr durch die Mörder, in Gefahr unter den Juden, in Gefahr unter den Heiden, in Gefahr in den Städten, in Gefahr in der Wüste, in Gefahr auf dem Meer, in Gefahr unter den falschen Brüdern; in Mühe und Arbeit, in viel Wachen, in Hunger und Durst, in viel Fasten, in Frost und Blöße; außer, was sich sonst zuträgt, nämlich, daß ich täglich werde angelaufen und trage Sorge für alle Gemeinden" (2. Kor. 11, 23—28). Er fordert seinen Sohn Timotheus heraus, indem er ihm beschwörend zuruft: „Leide mit als ein guter Streiter Jesu Christi" (2. Tim. 2, 3).

Der Krieg erfordert unbedingten Gehorsam. Ein echter Soldat wird den Befehlen seines Vorgesetzten ohne zu fragen und ohne zu zögern Folge leisten. Es ist ein Irrtum, anzunehmen, Christus könne mit weniger zufrieden sein.

Als unser Schöpfer und Erlöser hat er das Recht zu erwarten, daß die, die ihm in den Kampf folgen, seinen Befehlen unverzüglich und vollständig nachkommen. Der Krieg erfordert Geschicklichkeit im Gebrauch von Waffen. Die Waffen des Christen sind Gebet und das Wort Gottes. Er muß sich selbst im innigen, gläubigen und beharrlichen Gebet hingeben. Nur so können die Bollwerke des Feindes niedergerissen werden. Weiter muß er geübt sein im Umgang mit dem Schwert des Geistes, welches das Wort Gottes ist. Der Feind wird alles tun, was in seiner Macht liegt, um ihn durch List so weit zu bringen, daß er dieses Schwert niederlegt. Er wird Zweifel an der Inspiration der Schrift säen. Er wird auf angebliche Widersprüche hinweisen. Er wird entgegengesetzte Argumente aus Wissenschaft, Philosophie und der menschlichen Tradition anführen, aber der Soldat Christi muß seinen Platz behaupten und die Wirksamkeit seiner Waffen beweisen, indem er sie zur Zeit und Unzeit gebraucht.

Die Waffen, die dem Christen für diesen Krieg zur Verfügung stehen, kommen den Weltmenschen lächerlich vor. Der Plan, der sich gegen Jericho wirksam und erfolgreich erwies, würde von den heutigen militärischen Führern verlacht werden. Gideons kleine Armee würde nur Spott hervorrufen. Und was sollen wir von Davids Schleuder, von Samgars Ochsenstecken und von Gottes armseliger Armee von Narren durch die Jahrhunderte hindurch sagen? Der geistlich Denkende weiß, daß Gott nicht auf seiten der größeren Bataillone steht, sondern daß er es liebt, die armen und schwachen und verachteten Dinge in dieser Welt zu gebrauchen und sich durch sie zu verherrlichen.

Der Krieg erfordert Kenntnis des Feindes und seiner Strategie. So ist es auch in der christlichen Kriegführung. „Denn wir haben nicht mit Fleisch und Blut zu kämpfen, sondern mit Fürsten und Gewaltigen, nämlich mit den Herren der Welt, die in der Finsternis dieser Welt herrschen, mit den bösen Geistern unter dem Himmel" (Eph. 6, 12). Wir wissen, daß Satan sich als ein Engel des Lichtes verstellt. „Darum ist es nicht ein Großes, wenn sich auch seine Diener verstellen als Prediger der Gerechtigkeit; welcher Ende sein wird nach ihren Werken" (2. Kor. 11, 14b—15). Ein geübter Soldat Christi weiß, daß die schärfste Opposition nicht von einem Trinker oder einem Gewohnheitsdieb oder von einer Hure kommt, sondern vielmehr von ausgesprochenen Männern der Religion. Es waren die religiösen Führer, die den Christus Gottes an das Kreuz nagelten. Es waren die religiösen Führer, die die Urgemeinde verfolgten. Paulus erlitt die grausamsten Angriffe von seiten derer, die sich Gottes Diener nannten. So ist es schon immer gewesen. Satans Diener verstellen sich als Prediger der Gerechtigkeit. Sie sprechen eine religiöse Sprache, sie tragen fromme Kleider, und sie handeln mit rührender Frömmigkeit, aber ihre Herzen sind erfüllt mit Haß gegen Christus und sein Evangelium.

Der Krieg erfordert ganze Aufmerksamkeit. „Kein Kriegsmann verstrickt sich in Sorgen des alltäglichen Lebens, auf daß er gefalle dem, der ihn geworben hat" (2. Tim. 2, 4), oder wie es in der modernen Übersetzung von Bruns heißt: „Ein Krieger, der ins Feld zieht, wird sich nicht mit bürgerlichem Kleinkram abgeben können, sonst kann er seinem Herrn, der ihn in den Dienst genommen hat, nicht gefallen." Der Jünger Christi muß lernen, unnachgiebig zu sein gegen alles, was sich zwischen seine Seele und die völlige Auslieferung an den Herrn Jesus Christus stellen könnte. Er ist unerbittlich, ohne beleidigend zu sein; standhaft, ohne unhöflich zu sein. Aber er hat eine Leidenschaft, eine einzige. Alles andere muß sich dem unterordnen.

Der Krieg erfordert Mut im Anblick der Gefahr. „Um deswillen ergreifet den Harnisch Gottes, auf daß ihr an dem bösen Tage Widerstand tun und alles wohl ausrichten und das Feld behalten möget. So stehet nun . . ." (Eph. 6, 13. 14a). Es ist oft darauf hingewiesen worden, daß die Waffenrüstung des Gottesstreiters in Epheser 6, 13—18 keine Fürsorge für den Rücktritt trifft und damit also keine Fürsorge für den Rückzug. Warum auch Rückzug? Wenn wir „weit überwinden um deswillen, der uns geliebt hat", wenn niemand wider uns sein kann, weil Gott für uns ist, wenn der Sieg schon sicher ist, ehe wir mit dem Kampf beginnen, wie können wir dann jemals an ein Zurückweichen denken?

Was tut's, ob ich auf seiten der Sieger
oder mit denen vergehe, die fallen?
Feiglinge sind Sünder;
den Kampf zu kämpfen, bedeutet alles.
Stark ist mein Feind — er kommt heran,
gezückt ist meine Klinge, Herr;
sieh ihre stolzen Banner und Lanzen,
doch erspar mir den Stoß eines Schwertes.

Amy Carmichael

Weltherrschaft

Gott hat uns zur Herrschaft über die ganze Welt berufen. Es kann niemals seine Absicht gewesen sein, daß wir „als Menschen geboren werden und als Krämer sterben". Es war nicht seine Bestimmung für uns, daß wir unser Leben als „untergeordnete Beamte in einem vergänglichen Betrieb" zubringen.

Als er den Menschen schuf, gab Gott ihm die Weltherrschaft. Er krönte ihn mit Ehre und Herrlichkeit und legte alles vor seine Füße. Der Mensch war mit Würde und unumschränktem Hoheitsrecht angetan, nur wenig niedriger als die Engel.

Mit dem Sündenfall büßte Adam viel von der Oberherrschaft ein, die ihm nach göttlichem Beschluß eigentlich zustand. Anstatt uneingeschränkte Macht zu haben, regierte er von nun an flüchtig in einem ungewissen Herrschaftsgebiet.

Durch die Botschaft des Evangeliums können wir in einem gewissen Sinn diese verlorenen Rechte wiedererlangen. Es dreht sich hier nicht um eine Kontrollfunktion über knurrende Hunde oder Giftschlangen — vielmehr bedeutet es, die Heiden bis an die äußersten Enden der Erde zum Erbe zu beanspruchen. „Wahrer Imperialismus zeigt sich in einer Herrschaft durch moralische und geistige Überlegenheit. Anziehungskraft und Regierung aufgrund der faszinierenden Ausstrahlung eines reinen, geheiligten Lebens" (J. H. Jowett).

In der Tat, diese Würde der christlichen Berufung ist etwas, wovon Adam nichts wußte. Wir sind nun Partner Gottes beim Rücklauf der Welt. „Das ist unsere

Aufgabe — Menschen im Namen unseres Herrn zu einem königlichen Leben zu bestellen, zur Herrschaft über das Ich, zum Dienst am Nächsten" (Dinsdale T. Young).

Es ist eine Tragik, daß wir in unserem Leben oft die Größe dieser Berufung weder erkennen noch schätzen. Wir verbringen unsere Jahre damit, Unwesentliches festzuhalten oder „Meisterschaft in Nebenfächern" zu erlangen, und geben uns damit auch noch zufrieden. Wir kriechen, anstatt zu fliegen. Sklaven sind wir anstatt Könige. Wenige haben den Blick, ganze Länder für Christus zu fordern.

Spurgeon war eine Ausnahme. Er schrieb folgende herausfordernde Worte an seinen Sohn:

„Falls Gott mich zum Missionar bestimmt hätte, würde es mir nicht gefallen, als Millionär zu sterben; und wenn du das Zeug zum Missionar hättest, mißfiele es mir sehr, wenn du königliche Ehren begehren würdest.

Was sind alle Könige, Noblen und Kronen zusammen verglichen mit dem hohen Amt, Seelen für Christus zu gewinnen; gegenüber der besonderen Ehre, für Christus bauen zu dürfen. Nicht auf eines anderen Menschen Grund sich zu stellen, sondern die frohe Botschaft Jesu in Gegenden bekanntzumachen, wo sie noch nie vernommen wurde."

Eine andere Ausnahme war John Mott, der bekannte Missionar und Staatsmann. Als Präsident Coolidge ihn als Botschafter nach Japan senden wollte, entgegnete Mott: „Herr Präsident, seit ich Gottes Ruf vernahm, Botschafter für ihn zu sein, bin ich für jede andere Berufung taub."

Billy Graham berichtet von einer dritten Ausnahme.

„Als die Standard Oil Company sich nach einem Vertreter für den Fernen Osten umsah, fiel ihre Wahl auf einen Missionar. Sie boten ihm zehntausend Dollar, er lehnte ab; fünfundzwanzigtausend Dollar, dieselbe Antwort; fünfzigtausend Dollar, er blieb dabei. Sie fragten: ‚Was paßt Ihnen denn nicht?' Er sagte: ‚Ihr Angebot ist schon in Ordnung, aber die Aufgabe, die Sie mir bieten, ist mir nicht groß genug. Gott hat mich zu seinem Botschafter berufen.'"

Das Amt des Christen ist das vornehmste von allen, und wenn wir uns dies so recht klarmachen, wird unser Leben ganz neue Bedeutung gewinnen. Dann behaupten wir nicht mehr, daß wir zum Elektriker, Arzt oder Rechtsanwalt berufen sind, sondern sehen uns als Gesandte Gottes, denen alles andere nur eine Möglichkeit zum Lebensunterhalt bedeutet.

Wir sehen uns gerufen, die frohe Botschaft jeder Kreatur zu predigen, Menschen aus allen Nationen zu Jüngern zu machen, die Welt zu evangelisieren.

Eine ungeheure Aufgabe, sagst du? Ungeheuer, ja — aber nicht unmöglich. Das tatsächliche Ausmaß wird uns erst so recht bewußt, wenn wir das folgende grafische Bild der Welt in Miniatur betrachten:

„Wenn wir in unserer Vorstellung die gegenwärtige Weltbevölkerung — im Moment mehr als drei Milliarden Menschen — auf eine Gruppe von 1000 Leuten zusammendrängen, die alle in derselben Stadt leben, dann sieht das ungefähr so aus:

60 Personen stellen die Bevölkerung der Vereinigten Staaten von Amerika dar, die übrige Welt ist durch 940 Personen vertreten. 35 Prozent des Gesamteinkommens der Stadt befindet sich in den Händen der 60

Amerikaner, die 940 anderen müssen den Rest von 65 Prozent unter sich teilen. 36 von den 60 Amerikanern sind eingetragene Kirchenmitglieder. Von den 1000 Einwohnern der ganzen Stadt gehören 290 einer christlichen Kirche an. Wir haben weiter mindestens 80 aktive Kommunisten, 370 stehen unter kommunistischer Verwaltung. In der gesamten Stadt gibt es ungefähr 70 Christen protestantischen Bekenntnisses. 303 Weiße stehen 697 farbigen Einwohnern gegenüber. Die 60 Amerikaner haben eine Lebenserwartung von 70 Jahren, während die übrigen 940 nur mit einem Durchschnittsalter von 40 Jahren rechnen können.

Der Besitz jedes Amerikaners ist $15\frac{1}{2}$mal so groß wie die Durchschnittshabe jeder übrigen Person. 16 Prozent des Nahrungsvorrates der Stadt werden von den USA produziert, alles bis auf $1\frac{1}{2}$ Prozent der gesamten Produktion wird auch von ihnen verzehrt oder in kostspieligen Vorratskammern für die Zukunft aufbewahrt. Wenn wir uns dann vor Augen führen, daß die meisten der 940 Nicht-Amerikaner in dieser Stadt immer hungrig sind und nie genau wissen, wann sie genug zu essen bekommen, dann wird uns so recht klar, welche Situation durch diese ungleiche Nahrungsmittelverteilung und das Horten großer Reserven heraufbeschworen wird. Besonders wenn wir dazuhin noch sehen, daß die Amerikaner bereits 72 Prozent mehr essen, als optimal lebensnotwendig ist. Geld könnte sogar gespart werden, wenn man die überschüssigen Nahrungsmittel weggeben würde, anstatt dafür Lagerungskosten zu bezahlen. Aber man lebt in der Meinung, daß solch ein ‚Gib-weg'-Programm gutmütiger Idealisten sehr gefährlich sein könnte.

Weiter hätten die 60 Amerikaner aus dem Gesamtvorrat

12mal soviel Elektrizität zur Verfügung wie alle anderen, 22mal soviel Kohle, 21mal soviel Erdöl, 50mal soviel Stahl und 50mal soviel an allgemeiner Ausstattung.

Der niedrigsten Einkommensklasse unter den 60 Amerikanern geht es besser als dem Durchschnitt aller übrigen Einwohner. Buchstäblich sind die meisten Nicht-Amerikaner der Stadt arm, hungrig, krank und ungebildet. Ungefähr die Hälfte kann nicht lesen oder schreiben. Mehr als die Hälfte hat noch niemals die Botschaft von Jesus Christus gehört oder weiß, wofür er stand. Aber in kurzer Zeit werden mehr als die Hälfte über Karl Marx genau Bescheid wissen."   Harry Smith Leiper

Wie können wir unter diesen Umständen die Welt noch in unserer Generation mit der Nachricht von Christus erreichen? Die Antwort ist — nur durch Männer und Frauen, die Gott von ganzem Herzen lieben und ihren Nächsten wie sich selbst. Nur die Hingabe und Ergebenheit, die einer unauslöschlichen Liebe entspringt, werden je mit dieser Aufgabe fertig werden.

Denjenigen, die wirklich von der Liebe Christi getrieben sind, wird kein Opfer zu groß sein für ihren Herrn. Aus Liebe zu ihm werden sie zu Dingen fähig sein, die unmöglich sind, wenn man nur weltlichen Gewinn im Auge hat. Sie werden ihr Leben nicht als kostbar erachten; sie werden geben und geben, damit nur niemand verlorengeht, weil er das Evangelium nie gehört hat.

„O Herr am Kreuz, gib mir ein Herz wie deines!
Lehr mich zu lieben die verlornen Seelen —
halt mich verbunden eng mit dir;
und gib mir Liebe — reine Kreuzesliebe,
Verlorene zu bringen hin zu dir."
                             James A. Stewart

Wenn das Motiv nicht Liebe ist, dann ist der Fall hoffnungslos. Dann taugt das Ganze nicht. Dann wird dieser Dienst zu nicht mehr als „einem tönenden Erz oder einer klingenden Schelle". Nur wenn Liebe die treibende Kraft ist, wenn Menschen in Hingabe zu Jesus brennen, dann kann keine Macht dieser Erde die Invasion des Evangeliums aufhalten.

Stellt euch eine Jüngerschar vor, die Jesus total ergeben ist, getrieben von seiner Liebe, Herolde seiner herrlichen Botschaft über Land und See, ohne zu ermüden weiter vorstoßend in unbekannte Gebiete. In jedem Menschen, dem sie begegnen, sehen sie eine Seele, für die Jesus starb, und es wird ihr heißes Begehren sein, daß alle in Ewigkeit einmal ihn anbeten. Welcher Methoden werden sich nun solche jenseitsgesinnten Leute bedienen, um Christus bekannt zu machen?

Wenn wir ins Neue Testament sehen, scheinen sich zweierlei Arten klar herauszuschälen. Erstens die öffentliche Verkündigung und zweitens, indem einzelne wirklich zu Jüngern gemacht werden.

Was Nummer eins angeht, so war dies die Art, auf die der Herr Jesus und seine Jünger nach ihm gewöhnlich vorgingen. Wo immer sie Menschen beieinander fanden, nahmen sie die Gelegenheit wahr, die gute Nachricht weiterzugeben. Deshalb finden wir hier Verkündigung auf den Marktplätzen, in Gefängnissen und Synagogen, am Strand und nahe bei Flußufern. Die Dringlichkeit und der großartige Inhalt der Botschaft machten es undenkbar, sich auf herkömmliche Versammlungsstätten zu beschränken.

Noch auf eine zweite Art kann man den christlichen Glauben weitergeben. Indem man nämlich mit einzelnen lebt und ihnen hilft, echte Nachfolger Jesu zu werden.

So machte es Jesus selbst mit den Zwölfen. Er rief sie, damit sie ständig um ihn wären, mit der Absicht, sie dann wieder auszusenden. Täglich führte er sie weiter hinein in göttliche Wahrheiten. Er zeigte ihnen klar die Aufgabe, wofür er sie bestimmt hatte. Er warnte sie im voraus bis in Einzelheiten vor den Gefahren und Schwierigkeiten, die ihnen bevorstanden. Er ließ sie teilhaben an Privataudienzen mit Gott und erhob sie zu echten Partnern in diesem herrlichen und doch schmerzvollen Plan Gottes. Dann sandte er sie als Schafe mitten unter die Wölfe. In der Vollmacht des Heiligen Geistes stürzten sie sich in die Welt, um die Nachricht von einem auferstandenen, erhöhten und verherrlichten Heiland zu verbreiten. Daß diese Methode voll wirksam war, ist leicht ersichtlich, denn diese Jüngergruppe, nur noch elf, nachdem der Verräter sie verlassen hatte, stellte die Welt tatsächlich für Jesus Christus auf den Kopf.

Paulus arbeitet nicht nur selbst auf dieselbe Weise, sondern empfahl sie Timotheus ebenso. „Und was du von mir gehört hast vor vielen Zeugen, das befiehl treuen Menschen an, die da tüchtig sind, auch andere zu lehren" (2. Tim. 2, 2). Der erste Schritt hierzu ist es, sorgfältig und unter Gebet treue Männer auszuwählen, um ihnen diesen herrlichen Ein- und Ausblick zu vermitteln, damit sie dann ausgesandt werden können, um andere wieder zu Jüngern zu machen (Matth. 28, 19).

Für all die, denen es nur um Zahlen geht und die nach großen Massen gieren, wird diese Methode langweilig und mühsam sein. Aber Gott weiß, was er tut, und seine Methoden sind die besten. Ganz gewiß kann durch eine wirklich hingegebene kleine Schar von Nachfolgern mehr für Gott erreicht werden als durch eine Armee von selbstzufriedenen Religionsverfechtern.

Diese Jünger, die im Namen Jesu hinausgehen, folgen dabei einigen Grundprinzipien, die wir in großen Zügen in Gottes Wort finden. Zuvorderst müssen sie so klug sein wie Schlangen, jedoch ohne Falsch wie die Tauben. Sie beziehen aus göttlichen Quellen die Weisheit für ihren schwierigen Weg. Gleichzeitig sind sie jedoch demütig und bescheiden im Umgang mit der Welt. Niemand braucht sich vor Gewalt von ihrer Seite fürchten; nur vor ihren Gebeten und ihrem unermüdlichen Zeugnis muß man sich in acht nehmen.

Solche Nachfolger halten sich aus weltlichen Angelegenheiten heraus. Sie fühlen sich nicht gerufen, gegen irgendeine Regierungsform oder politische Ideologie zu kämpfen. Sie können unter jedem Regime arbeiten und gute Bürger sein, vorausgesetzt, man verlangt nicht von ihnen, ihre Botschaft zu kompromittieren oder ihren Herrn zu verleugnen. Dann werden sie den Gehorsam verweigern und bereit sein, die Konsequenzen zu tragen. Aber niemals werden sie sich gegen eine menschliche Regierung verschwören oder mit irgendwelchen revolutionären Mitteln arbeiten. Sagte nicht der Herr selbst: „Wäre mein Reich von dieser Welt, meine Diener würden darum kämpfen!" Aber diese Männer sind Botschafter eines jenseitigen Reiches und gehen als Wanderer und Fremde durch diese Welt.

Sie sind absolut ehrlich in all ihrem Tun. Sie vermeiden Ausflüchte jeder Art. Ihr „ja" ist ja, und ihr „nein" ist nein. Sie weigern sich auch, die allgemein übliche Lüge zu verwenden, daß nämlich der Zweck die Mittel heiligt. Unter gar keinen Umständen sind sie bereit, Böses zu tun, damit daraus Gutes erwachsen könne. Jeder von ihnen ist sozusagen ein verkörpertes Gewissen, das lieber sterben als sündigen würde.

Ein weiteres Prinzip, wonach sich diese Männer ständig richten, ist, daß ihre Arbeit in der örtlichen Gemeinde verankert ist. Sie gehen hinaus in das Erntefeld der Welt, um Menschen für den Herrn Jesus zu gewinnen; dann jedoch führen sie diese in die Gemeinschaft einer bibelgläubigen Gruppe am Ort, damit sie im Glauben wachsen und gestärkt werden können. Wahre Jünger sehen ganz klar, daß die örtliche Gemeinde Gottes Werkzeug auf dieser Erde ist, um Menschen zum Glauben zu rufen; und daß eine Arbeit, wenn sie dauerhaft sein soll, sich auf dieses Fundament stützen muß.

Jünger sind klug, wenn sie verpflichtenden Verbindungen jeder Art aus dem Weg gehen. Sie werden sich konstant weigern, daß ihre Bewegung von irgendeiner menschlichen Organisation beherrscht wird, denn sie erhalten ihre Marschbefehle direkt vom himmlischen Hauptquartier. Das heißt jedoch nicht, daß sie ohne die Zustimmung und Empfehlung der Christen ihrer Gemeinde losgehen. Ganz im Gegenteil, sie betrachten solches Wohlwollen als ein bestätigendes Zeichen für Gottes Ruf in diesen Dienst. Aber sie bestehen auf der Notwendigkeit, von Christus selbst geführt zu werden, im Gehorsam gegenüber seinem Wort.

Endlich, diese Jünger vermeiden Werbung. Sie versuchen, im Hintergrund zu bleiben. Ihre Absicht ist, allein Christus zu verherrlichen und ihn bekannt zu machen. Sie erwarten nichts Großes für sich selbst. Auch wollen sie dem Feind ihre Strategie nicht verraten. Deshalb bleiben sie ruhig bei der Arbeit, ohne Aufsehen zu erregen oder auf Lob und Tadel von Menschen zu achten. Sie wissen, „daß der Himmel der beste und sicherste Ort ist, um die Ergebnisse ihrer Mühen zu erfahren."

Jüngerschaft und Ehe

„Denn es sind etliche verschnitten . . . die sich selbst verschnitten haben um des Himmelreiches willen. Wer es fassen kann, der fasse es!" (Matth. 19, 12).

Eine der wichtigsten Fragen, mit der sich jeder Jünger befassen muß, ist die, ob Gott ihn zur Ehe oder zur Ehelosigkeit berufen hat. Das ist ausschließlich eine Sache der persönlichen Führung durch den Herrn. Keiner kann sie für einen anderen entscheiden, und sich in solch eine persönliche Angelegenheit einzumischen, ist ein gefährliches Geschäft.

Das Wort Gottes lehrt im allgemeinen, daß Gott die Ehe für die Menschheit eingesetzt hat, und zwar aus verschiedenen Gründen:

1. Sie ist zur Gemeinschaft und zur Freude des Menschen bestimmt. Gott sah, daß „es nicht gut ist, daß der Mensch allein sei" (1. Mose 2, 18).

2. Sie wurde zur Erhaltung der Art eingesetzt. Das wird im Gebot des Herrn ausgedrückt: „Seid fruchtbar und mehret euch und füllet die Erde" (1. Mose 1, 28).

3. Sie wurde zum Schutz der Reinheit in Familie und Gesellschaft geschaffen. „Aber um der Hurerei willen habe ein jeglicher sein eigen Weib und eine jegliche habe ihren eigenen Mann" (1. Kor. 7, 2).

Es gibt keine Stelle in Gottes Wort, aus der sich entnehmen läßt, daß die Ehe mit einem Leben in Reinheit, Hingabe und Dienst für Christus unvereinbar sei. Vielmehr werden wir daran erinnert, daß „die Ehe ehrlich

gehalten werde bei allen und das Ehebett unbefleckt"
(Hebr. 13, 4a). Die Tatsache besteht, daß, „wer ein Ehe-
weib findet, der findet etwas Gutes" (Spr. 18, 22). Die
Worte des Predigers können oft auf die Ehe angewandt
werden: „Zwei sind besser als einer" (Pred. 4, 9); besonders dann, wenn die beiden im Dienst für den Herrn
vereint sind.

Die erhöhte Wirksamkeit gemeinsamen Handelns sehen
wir in 5. Mose 32, 30, wo einer tausend jagte und zwei
zehntausend in die Flucht trieben.

Und doch — obwohl die Ehe im allgemeinen Gottes
Gebot für die Menschheit ist, ist sie das nicht unbedingt
für jeden einzelnen. Wenn auch die Ehe als unveränder-
liches Recht des Menschen angesehen werden kann, so
mag ein Jünger doch vorziehen, dieses Recht aufzugeben, um sich selbst noch mehr dem Dienst des Herrn zu
widmen.

Der Herr Jesus bemerkt, daß in seinem Reich solche
sein werden, die um seinetwillen ehelos bleiben.

„Denn es sind etliche verschnitten, die sind aus Mutter-
leibe also geboren; und sind etliche verschnitten, die von
Menschen verschnitten sind; und sind etliche verschnitten, die sich selbst verschnitten haben um des Himmelreiches willen. Wer es fassen kann, der fasse es!" (Mat-
thäus 19, 12).

Es handelt sich hier deutlich um ein freiwilliges Ge-
lübde, das ein Mensch als Ergebnis zweier Überlegun-
gen ablegt:

1. Aus dem Eindruck der Führung Gottes heraus, unverheiratet bleiben zu sollen.

2. Aus dem Wunsch heraus, sich völliger der Arbeit für den Herrn zu widmen, ohne die vermehrte Verantwortung, die eine Familie mit sich bringt.

Es muß dazu die feste Gewißheit der göttlichen Berufung vorhanden sein (1. Kor. 7, 7b). Nur dann kann der Jünger gewiß sein, daß der Herr ihm die nötige Gnade zur Enthaltsamkeit gibt.

Zweitens muß es freiwillig geschehen. Wo die Ehelosigkeit eine Sache kirchlichen Zwanges ist, ist die Gefahr der Unreinheit und Unmoral groß.

Der Apostel Paulus betont nachdrücklich die Tatsache, daß ein lediger Mensch sich oft völliger dem Werk des Königs hingeben kann:

„Wer ledig ist, der sorgt, was dem Herrn angehört, wie er dem Herrn gefalle, wer aber freit, der sorgt, was der Welt angehört, wie er dem Weibe gefalle" (1. Kor. 7, 32. 33).

Deshalb drückt er auch den Wunsch aus, daß die Unverheirateten und Witwen bleiben sollten, wie er war, nämlich unverheiratet (1. Kor. 7, 7. 8).

Sogar für diejenigen, die bereits verheiratet waren, bestand der Apostel darauf, daß die Kürze der Zeit gebot, daß alles dem großen Werk, Christus bekannt zu machen, unterzuordnen sei:

„Das sage ich aber, liebe Brüder, die Zeit ist kurz. Weiter ist das die Meinung: Die da Weiber haben, daß sie seien, als hätten sie keine; und die da weinen, als weinten sie nicht; und die sich freuen, als freuten sie sich nicht; und die da kaufen, als besäßen sie es nicht; und die diese Welt gebrauchen, daß sie dieselbe nicht mißbrauchen. Denn das Wesen dieser Welt vergeht" (1. Kor. 7, 29—31).

Das bedeutet natürlich nicht, daß ein Mann die Verantwortung für sein Heim zurückweisen, Frau und Kinder vernachlässigen und sich als Missionar auf den Weg machen sollte; aber es bedeutet, daß er nicht *nur* sich selbst und seiner Familie leben sollte. Er sollte nicht Frau und Kinder als Entschuldigung dafür benutzen, daß er Christus an die zweite Stelle in seinem Leben setzt.

C. T. Studd fürchtete, daß sich seine Braut so sehr mit ihm beschäftigen könnte, daß dadurch der Herr Jesus nicht mehr den ersten Platz in ihrem Leben haben würde. Um das zu vermeiden, verfaßte er einen kleinen Vers für sie zur täglichen Wiederholung:

„Herr Jesus, ich liebe dich,
du bist mir lieber,
als es Charlie je sein könnte."

„Die Zeit ist kurz", schrieb Paulus. „Das ist die Meinung: Die da Weiber haben, die seien, als hätten sie keine."

Die Tragik ist, daß eine übereilte oder falsche Eheschließung schon oft eine Falle des Teufels gewesen ist, um einen jungen Gläubigen vom Weg der größtmöglichen Gebräuchlichkeit für ihn abzubringen. Manch ein vielversprechender Pionier hat den Weg des ungeteilten Dienstes für Christus am Traualtar verwirkt.

„Die Ehe . . . ist ein erbitterter Feind der Erfüllung des Willens Gottes, daß alle von ihm hören sollten. Die Ehe ist von Gott gegeben. Wird sie aber zum Hindernis für Gottes Willen, wird sie mißbraucht. Wir könnten viele nennen — Männer und Frauen —, die einen klaren Ruf für das Missionsfeld hatten und niemals dort eintrafen, weil Gefährten sie zurückhielten. Nichts — nicht einmal der von Gott geschenkte Segen eines Lebensgefährten — darf Gottes Absichten für das Leben eines Menschen hindern. Es sterben heute Seelen ohne Christus, weil geliebte Menschen den Vorrang vor Gottes Willen erhielten" (W. L. Gustavson „Called but not going").

Vielleicht trifft es besonders im Fall von Pioniermissionaren zu, daß ein Leben in Ehelosigkeit vorzuziehen ist. „Männer und Frauen der Vorhut müssen oft sogar auf die Notwendigkeiten des Lebens verzichten, ganz zu schweigen von anderen, durchaus angebrachten Bequemlichkeiten. Es ist die Pflicht solcher Menschen, Härten zu erdulden, gute Soldaten zu sein, unbeschwert von den Dingen dieses Lebens; Athleten — frei von jedem Gewicht — es ist eine Berufung, ein Ruf und Einsetzen zu besonderem Dienst" (Loble and French „Ambassadors for Christ").

Auf diejenigen, die diesen Ruf hören und beantworten, wartet der verheißene Lohn. „Glaubet mir", sagt Jesus. „Und wer verläßt Häuser oder Brüder oder Schwestern oder Vater oder Mutter oder Kinder oder Äcker um meines Namens willen, der wird's hundertfältig nehmen und dazu das ewige Leben" (Matth. 19, 28. 29).

Das Überschlagen der Kosten

Der Herr Jesus versuchte niemals, Menschen zu einem Lippenbekenntnis ihres Glaubens zu überreden, noch suchte er eine große Nachfolgerschar durch die Verkündigung volkstümlicher Botschaft anzuziehen.

In Wirklichkeit war es so — wo immer sich Menschen um ihn scharten, wandte er sich ihnen zu und sichtete sie, indem er ihnen die Bedingungen der Jüngerschaft vor Augen hielt.

Bei einer dieser Gelegenheiten warnte der Herr solche, die ihm folgen wollten, und ermahnte sie, zuerst die Kosten zu überschlagen. Er sprach:

„Wer ist aber unter euch, der einen Turm bauen will und sitzt nicht zuvor und überschlägt die Kosten, ob er's habe, hinauszuführen? Auf daß nicht, wo er den Grund gelegt hat und kann's nicht hinausführen, alle, die es sehen, fangen an sein zu spotten und sagen: Dieser Mensch hob an zu bauen und kann's nicht hinausführen! Oder welcher König will sich begeben in einen Streit wider einen anderen König und sitzt nicht zuvor und ratschlagt, ob er könne mit 10 000 begegnen dem, der über ihn kommt mit 20 000? Wo nicht, so schickt er Botschaft, wenn jener noch ferne ist, und bittet um Frieden" (Luk. 14, 28—32).

Hier verglich er das Christenleben mit einem Bauprojekt und einem Krieg.

Es ist reine Torheit, den Bau eines Turmes zu beginnen, sagt er, es sei denn, du bist sicher, genug Mittel zur Vollendung zu haben. Andernfalls wird der unfertige

Bau später als Denkmal deiner mangelnden Weitsicht dastehen.

Wie wahr das ist! Es ist eine Sache, in der gefühlvollen Atmosphäre einer evangelistischen Massenversammlung eine Entscheidung für Christus zu treffen, aber es ist etwas anderes, sich selbst zu verleugnen und täglich das Kreuz auf sich zu nehmen und Christus zu folgen. Obwohl es nichts kostet, ein Christ zu werden, kostet es eine Menge, ein treuer Christ *zu sein* und den Weg des Opfers, der Heiligung und des Leidens um Jesu willen zu gehen. Es ist eine Sache, den Lauf gut zu beginnen, aber es ist etwas ganz anderes, sich durchzukämpfen, tagein, tagaus, bei gutem und schlechtem Wetter, durch Gedeihen und Widerwärtigkeiten, durch Freude und durch Leid.

Wir werden von einer kritischen Welt beobachtet. Durch einen seltsamen Instinkt weiß sie, ob unser Christenleben alles oder nichts wert ist. Wenn die Leute einen durch und durch gläubigen Christen sehen, mögen sie wohl höhnen und spotten und ihn lächerlich machen — innerlich jedoch haben sie großen Respekt vor einem Menschen, der sich völlig Christus ausgeliefert hat. Sehen sie dagegen einen halbherzigen Christen, so haben sie nichts als Verachtung für ihn übrig. Sie fangen an, ihn zu verspotten, indem sie sagen: „Dieser Mann hat angefangen zu bauen und kann nicht bis zum Abschluß kommen. Er hat einen großen Aufruhr veranstaltet, als er bekehrt wurde, aber jetzt lebt er auch nicht viel anders als wir. Er fuhr mit hoher Geschwindigkeit los, aber jetzt hat er Leerlauf."

Deshalb sagt der Heiland: „Du solltest lieber die Kosten überschlagen!"

Sein zweites Beispiel betraf einen König, der im Begriff stand, einem andern den Krieg zu erklären. Wäre es nicht vernünftig von ihm, vorher zu überlegen, ob seine 10 000 Soldaten auch imstande sein würden, das Heer des Feindes, das die doppelte Anzahl umfaßte, zu schlagen? Wie unsinnig würde es sein, zuerst den Krieg zu erklären und erst dann alles zu erwägen, wenn die beiden Armeen schon aufeinander losmarschieren. Das einzige, was ihm zu tun übrigbliebe, wäre, die weiße Flagge zu hissen und eine Abordnung auszusenden, die sich unterwürfig in den Staub erniedrigte und demütig um die Friedensbedingungen bäte.

Es ist keine Übertreibung, das Christenleben mit einem Krieg zu vergleichen. Die grimmigen Feinde sind vorhanden — die Welt, das Fleisch und der Teufel. Es gibt Entmutigungen, Blutvergießen und Leiden. Da sind die langen, ermüdenden Stunden der Nachtwache und die Sehnsucht nach dem Licht des Tages. Es gibt Tränen und Mühe und Prüfungen — und täglichen Tod.

Jeder, der sich anschickt, Christus zu folgen, sollte an Gethsemane und Golgatha denken. Und dann sollte er die Kosten überschlagen. Es gibt nur zweierlei: entweder sich Christus völlig anzuvertrauen — oder eine gezwungene, widerwillige Ergebung mit alledem, was Schande und Erniedrigung bedeutet.

Durch diese beiden Bilder warnte der Herr Jesus seine Hörer vor dem übereilten Entschluß, seine Jünger zu werden. Er konnte ihnen Verfolgung, Trübsal und Not im voraus versprechen. Sie sollten zuvor die Kosten überschlagen!

Und was sind die Kosten? Der nachstehende Vers beantwortet diese Frage:

„Also auch ein jeglicher unter euch, der nicht absagt allem, was er hat, kann nicht mein Jünger sein" (Luk. 14, 33).

Die Kosten sind „alles" — alles, was ein Mensch hat und ist. Das bedeutete es für den Heiland. Es kann nicht weniger bedeuten für die, die ihm folgen wollen. Wenn er, der über alle Maßen reich war, freiwillig arm wurde, sollten da seine Jünger die Krone auf weniger kostspieligem Wege gewinnen?

Der Herr Jesus schloß seine Rede mit dieser Zusammenfassung:

„Das Salz ist ein gutes Ding; wo aber das Salz dumm wird, womit wird man's würzen?" (Luk. 14, 34).

In biblischen Zeiten hatten die Leute anscheinend nicht so reines Salz, wie wir es heute auf unserem Tisch finden. Ihr Salz enthielt verschiedene Unreinheiten wie Sand und so weiter. Es war dadurch irgendwie möglich, daß das Salz seine Würzkraft verlor; der Rückstand war dann geschmack- und wertlos. Er konnte nicht einmal mehr auf das Land oder zur Düngung verwandt werden; manchmal wurde es benutzt, um einen Fußpfad damit anzulegen. Somit war es „zu nichts nütze, denn daß man es hinausschütte und lasse es die Leute zertreten" (Matth. 5, 13).

Die Anwendung des Beispiels ist klar. Es gibt nur einen Hauptzweck im Leben des Christen — Gott durch ein ihm völlig hingegebenes Leben zu verherrlichen. Der Christ kann seinen Wert dadurch verlieren, daß er Schätze auf Erden sammelt; daß er für seine eigene Bequemlichkeit und sein eigenes Vergnügen sorgt; daß er sucht, sich selbst einen Namen in der Welt zu machen und so sein Leben und seine Begabungen an die unwürdige Welt verschwendet.

Wenn der Gläubige das Hauptziel seines Lebens verfehlt, dann hat er alles verfehlt. Dann ist er weder nützlich noch ein Schmuck. Sein Schicksal ist wie das des geschmacklosen Salzes (Matth. 5, 13), unter die Füße der Leute getreten zu werden — durch deren Spott, Hohn und Verachtung. Die Schlußworte lauten:

„Wer Ohren hat, zu hören, der höre!"

Oftmals, wenn unser Herr eine „harte Rede" geführt hatte, fügte er seinen Worten dies hinzu. Das geschah, weil er wohl wußte, daß nicht alle Menschen sie annehmen würden. Er wußte, daß einige versuchen würden, durch Erklärungen seinen Forderungen die Schärfe zu nehmen. Er wußte aber auch, daß es offene Herzen gab — und gibt —, junge und alte, die sich unter seine Gebote, als seiner wert, beugen würden.

So ließ er die Tür offen: „Wer Ohren hat, zu hören, der höre!" Die, welche hören, sind jene, die die Kosten überschlagen und doch sprechen:

„Ich bin entschieden, zu folgen Jesus.
Ob niemand mit mir geht, doch will ich folgen.
Die Welt liegt hinter mir, das Kreuz liegt vor mir.
Niemals zurück; niemals zurück."

Der Schatten des Märtyrertums

Wenn ein Mensch sich ganz Christus anvertraut hat, scheint es ihm nicht wichtig zu sein, ob er lebt oder stirbt. Die Hauptsache ist dann für ihn, daß Gott verherrlicht wird.

„. . . daß Christus hoch gepriesen werde an meinem Leibe, es sei durch Leben oder Tod" (Phil. 1, 20). Dieser Unterton klingt durch die Schriften Jim Elliots. Schon als er noch Student am Wheaton College war, schrieb er in sein Tagebuch: „Ich bin bereit, für die Aucas zu sterben."

Zu einer anderen Zeit schrieb er: „Vater, nimm mein Leben, ja, mein Blut, wenn du willst, und verzehre es in deinem Feuer. Ich will es nicht behalten, denn es ist nicht mein, daß ich es für mich behielte. Nimm es, Herr, nimm es ganz. Gieße mein Leben aus als eine Opfergabe für die Welt. Blut ist nur von Wert, wenn es von deinem Altar fließt." (Aus: „Im Schatten des Allmächtigen.")

Es scheint, daß viele der Helden Gottes an diesem Punkt in ihrem Verhältnis zu Gott kamen. Sie erkannten, daß „es sei denn, daß das Weizenkorn zur Erde falle und ersterbe, so bleibt's allein; wo es aber erstirbt, so bringt es viele Früchte" (Joh. 12, 24). Sie waren gewillt, ein solches Weizenkorn zu sein. „Das Reich Gottes kam, als der Herr ins Sterben ging. Sollte durch dich, sein Glied, sein Reich auf einem anderen Weg kommen? So erwähle diesen Weg täglich neu."

Diese Haltung ist genau das, was der Heiland seine

Jünger lehrte: „Wer sein Leben verliert um meinetwillen, der wird's erhalten" (Luk. 9, 24).

Je mehr wir darüber nachdenken, desto klarer wird
es uns.

Erstens gehört unser Leben sowieso nicht uns selbst.
Es gehört dem, der es mit dem Preis seines kostbaren
Blutes erkauft hat. Können wir selbstsüchtig an etwas
hängen, das einem anderen gehört? C. T. Studd beant-
wortete diese Frage in bezug auf sich selbst:

„Ich wußte wohl, daß Jesus für mich gestorben war,
aber ich verstand nicht, daß, wenn er für mich starb, ich
mir nicht selbst gehörte. Erlösung oder Loskaufung bedeutet zurückkaufen, so daß also — wenn ich ihm ge-
höre — ich entweder ein Dieb sein müßte, um das zu
behalten, was nicht mein war, oder ich müßte Gott alles
übergeben. Als ich zu der Einsicht kam, daß Jesus Christus für mich gestorben war, erschien es mir nicht mehr
schwer, alles um seinetwillen aufzugeben."

Zweitens werden wir alle irgendwann einmal sterben,
wenn der Herr nicht in der Zwischenzeit wiederkommt.
Was wäre eine größere Tragödie, im Dienst des Königs
umzukommen, oder nur eine Nummer einer Unfall-
statistik zu sein? Hatte Jim Elliot nicht recht, wenn
er sagte: „Der ist kein Narr, der hingibt, was er doch
nicht behalten kann, um damit zu gewinnen, was er
nicht verlieren kann."

Drittens ist es unwiderlegbare Logik, daß — wenn der
Herr Jesus für uns starb — auch wir bereit zu sein haben, für ihn zu sterben. Wenn der Diener nicht über
seinem Meister ist, welches Recht haben wir dann, angenehmer in den Himmel zu kommen als der Herr

Jesus selbst? Diese Betrachtung veranlaßte Studd zu sagen: „Wenn Jesus Christus Gott ist und für mich starb, kann es kein Opfer für ihn geben, das mir zu groß ist."

Schließlich ist es selbstsüchtig, unser Leben festzuhalten, wenn durch unbekümmerte Aufgabe ewiger Segen auf unsere Mitmenschen kommen könnte. Oft bieten Menschen ihr Leben für medizinische Versuche an; andere sterben, um geliebte Menschen aus brennenden Gebäuden zu retten; wieder andere lassen ihr Leben in der Schlacht, um ihr Land vor feindlichen Mächten zu schützen. Und was sind *uns* Menschenleben wert? Können wir mit F. W. H. Myers sprechen:

„Ich sehe die Menschen als Gebundene,
da sie doch Sieger sein sollten;
Sklaven, die Könige sein sollten.
Sie setzen ihre Hoffnung auf ein leeres Wunder
und begnügen sich traurig mit der bloßen
Anschauung der Dinge.

Plötzlich, mit unerträglicher Sehnsucht,
durchfährt's mich wie ein Trompetenstoß —
o daß ich sie retten könnte!
Ich möchte gern verderben, um sie zu erretten,
für sie sterben, für sie geopfert werden!"

Nicht von allen wird gefordert, daß sie ihr Leben als Märtyrer hingeben. Der Marterpfahl, der Speer, das Fallbeil sind einigen wenigen Auserwählten vorbehalten. Jeder von uns sollte aber den Geist, den Eifer und die Hingabe eines Märtyrers haben. Jeder von uns kann so leben wie die, die ihr Leben bereits für Christus gelassen haben.

Der Lohn echter Jüngerschaft

Ein Leben, das dem Herrn Jesus ganz hingegeben ist, trägt seinen Lohn in sich. Die Nachfolge Christi schenkt eine Freude und Befriedigung, die Leben im wahrsten Sinne des Wortes sind.

Der Heiland sagte wiederholt: „Wer sein Leben verliert um meinetwillen, der wird's erhalten." Dieser Ausspruch von ihm findet sich in den vier Evangelien tatsächlich häufiger als fast alles andere, was er je sagte. (Siehe Matth. 10, 39; 16, 25; Mark. 8, 35; Luk. 9, 24; 17, 33; Joh. 12, 25.)

Warum wird das so oft wiederholt? Ist es nicht deshalb, weil dadurch eines der grundlegendsten Prinzipien des Christenlebens aufgezeigt wird, nämlich daß ein Leben, das eigensüchtig festgehalten wird, ein verlorenes Leben ist, aber ein Leben, das für ihn hingegeben wird, gefunden, gerettet, von Freude erfüllt und für die Ewigkeit bewahrt ist?

Ein halbherziger Christ zu sein, kann nur ein jämmerliches Dasein bedeuten. Ganz und gar für Christus dazusein, ist der sicherste Weg, seine besten Gaben zu genießen.

Ein wahrer Jünger ist ein freiwilliger Sklave Jesu Christi und erkennt, daß in seinem Dienst zu stehen vollkommene Freiheit bedeutet. Wirkliche Freiheit haben die, welche sagen können: „Ich liebe meinen Herrn; ich will nicht freigelassen werden."

Ein Jünger ist nicht belastet mit geringfügigen Angelegenheiten und vorübergehenden Ereignissen. Er ist mit ewigen Dingen beschäftigt. Er genießt — wie Hudson Taylor — den Luxus, wenig zu besitzen, wofür er sorgen muß. Er mag unbekannt sein — und ist doch bekannt. Obwohl er ständig stirbt, lebt er beharrlich weiter. Er wird gezüchtigt, doch nicht getötet. Sogar in Trauer kann er sich freuen. Obgleich er selbst arm ist, macht er viele reich. Er selbst hat nichts, und doch besitzt er alles (2. Kor. 6, 9. 10).

Wenn behauptet werden kann, daß das Leben in wahrer Jüngerschaft das geistlich befriedigendste Leben in der Welt ist, so kann auch mit gleicher Gewißheit gesagt werden, daß es das Leben ist, das in der Zukunft am meisten belohnt wird. „Denn es wird geschehen, daß des Menschen Sohn komme in der Herrlichkeit seines Vaters mit seinen Engeln; und alsdann wird er einem jeglichen vergelten nach seinen Werken" (Matth. 16, 27).

Darum ist der wirklich glückselige Mensch in Zeit und Ewigkeit der, welcher sagen kann: „Herr Jesus, ich lasse meine eigenen Hände ganz weg von meinem Leben. Ich setze dich auf den Thron meines Herzens. Ändere, reinige, gebrauche mich, wie du es für richtig hältst."

Es war nicht sein Wille

Es war nicht sein Wille, daß irgendeiner verlorenginge!
Jesus, auf seinem Thron, in der Herrlichkeit droben,
sah unsere arme, gefallene Welt, erbarmte sich unserer
Sorgen,
gab für uns sein Leben in wunderbarer Liebe!
Verloren, verloren! Auf unserem Pfade drängt sich die
Menge,
brechen Herzen mit Lasten, die zu schwer sind zum
Tragen,
Jesus würde retten, doch keiner ist da, es ihnen zu sagen,
niemand, der sie aus Sünden und Verzweiflung bringe.

Es war nicht sein Wille, daß eine Seele verlorenginge!
In Gestalt unseres Fleisches, mit seinen Sorgen und
Schmerzen
kam er, Verlor'ne zu suchen, die Trauernden zu trösten,
die zu heilen, die gebrochen waren in Sorge und
Schanden.
Verloren, verloren! Die Erntezeit geht schnell vorüber,
wenige sind's, die ernten, ehe die Nacht vor der Türe steht;
Jesus ruft *dich!* Eile herbei zum Ernten der Garben,
Seelen, kostbare Seelen, sollst du als Lohn haben!

Viel für das Vergnügen, aber wenig für Jesus,
Zeit für die Welt,
doch nicht für Jesu Werk, die Hungrigen zu speisen,
Seelen zu ewigen Freuden zu führen.
Verloren, verloren! Horch, wie sie uns rufen:
Bringt euren Heiland! Erzählt uns von ihm!
Wir sind so müde, so schwer beladen,
vom vielen Weinen sind unsere Augen trübe!

Es war nicht sein Wille, daß irgendeiner verlorenginge!
Bin ich sein Jünger und kann ich
gemächlich leben, während eine Seele verlorengeht
wegen möglicher, aber fehlender Hilfe durch mich?
Herr, vergib und schenk uns neues Leben,
verbanne unsere Gleichgültigkeit; hilf uns, immer
den Blick zu dir zu erheben!

Lucy R. Meyer

Wo ist unser Herz ?

„Ihr sollt euch nicht Schätze sammeln auf Erden ...
Sammelt euch aber Schätze im Himmel ... Denn wo
euer Schatz ist, da ist auch euer Herz" (Matth. 6,
19—21).

Man kann sein Herz an ein Bankkonto hängen, oder
man kann es mit den Anliegen des Reiches Gottes erfüllt
sein lassen. Entweder das eine oder das andere. Unser
Herz ist da, wo unsere Schätze sind.

Der Herr Jesus hat seinen Nachfolgern ausdrücklich
verboten, Schätze auf Erden zu sammeln. Er wollte,
daß sie mit ganzem Herzen für seine Interessen da
sind.

Ist diese Lehre Christi für die heutige Zeit nicht zu
radikal und zu extrem? Hat er das wirklich so gemeint?
Sagt uns nicht schon unser gesunder Menschenverstand,
daß wir auch an unser Alter denken müssen? Erwartet
er etwa von uns, daß wir so leichtsinnig sind und es
unterlassen, für böse Tage etwas auf die hohe Kante
zu legen ... für unsere Familie zu sorgen?

Dies sind echte Fragen, auf die alle Nachfolger Jesu aufrichtig eine Antwort in der Schrift suchen müssen.

Was sagt die Bibel dem Gläubigen zum Beispiel über
das Sparen? Ist es verkehrt, für einen gewissen „Rückhalt" zu sorgen? Wie sieht der christliche Lebensstandard aus?

Fleißig bei der Arbeit

Zuerst einmal sind wir uns wohl darin einig, daß die Bibel das Geldverdienen nicht verbietet. Der Apostel Paulus arbeitete als Zeltmacher für seinen persönlichen Lebensunterhalt (Apg. 18, 1—3; 2. Thess. 3, 8). Er sagte den Thessalonichern: „Wenn jemand nicht will arbeiten, der soll auch nicht essen" (2. Thess. 3, 10). Die Bibel sagt uns unmißverständlich, daß der Mensch für seinen Lebensunterhalt und für die Bedürfnisse seiner Familie fleißig arbeiten soll.

Können wir nun daraus schließen, daß ein Christ so viel wie nur irgendmöglich verdienen sollte? Nein, ein solches Argument ist nicht stichhaltig. Er *kann* so viel wie möglich verdienen, jedoch mit folgenden Einschränkungen:

1. Ein Christ sollte nicht dem Erwerb, sondern der Sache des Herrn den Vorrang geben. Es ist seine höchste Verpflichtung, am ersten nach dem Reich Gottes zu trachten und nach seiner Gerechtigkeit (Matth. 6, 33). Die Anbetung und dieser Dienst sollten nicht durch berufliche Überbeanspruchung gehindert werden.

2. Seine familiären Verpflichtungen dürfen nicht vernachlässigt werden (1. Tim. 5, 8). Geht es einem Mann zuerst ums Geldverdienen, so hat er gewöhnlich wenig Zeit für seine Frau und seine Kinder. Auch die wertvollsten Geschenke und der größte Luxus bieten hierfür keinen Ersatz; dies trägt nur zur geistlichen und seelischen Verarmung seiner Familie bei. Sie ist auf die Gegenwart und Leitung eines Gott gehorsamen Ehemannes

und Vaters weit mehr angewiesen als auf ein steigendes Bankkonto.

3. Sein Erwerb sollte aus einem ehrbaren Geschäft kommen (Spr. 10, 16). Dies sollte eigentlich selbstverständlich sein. Es ist fragwürdig, wenn ein Christ seine Zeit und Kraft für die Herstellung und Vertreibung von Artikeln einsetzt, die gesundheitsschädlich oder moralisch nicht einwandfrei sind. Die Arbeit sollte konstruktiv und von allgemeinem Nutzen sein.

4. Ein Christ sollte sich vergewissern, daß er auf ehrliche Art sein Geld verdient (Spr. 20, 23). Vielleicht ist sein Gewerbe ehrbar, aber seine Methoden sind unehrlich. Nur einige Beispiele seien hier erwähnt:

a) Steuerhinterziehung (Matth. 22, 21)

b) Falsche Quantitäts- oder Qualitätsangaben (Spr. 11, 1)

c) Bestechung der Gesetzesvertreter (Spr. 17, 23)

d) Geschäftliche Verbuchung privater Ausgaben (Spr. 13, 5)

e) Auszahlung unzulänglicher Gehälter (Spr. 22, 16). Angesichts solcher Mißstände ruft Jakobus aus: „Siehe, der Arbeiter Lohn, die euer Land abgeerntet haben, der schreit, und das Rufen der Schnitter ist gekommen vor die Ohren des Herrn Zebaoth" (Jak. 5, 4).

5. Ein Christ kann so viel Geld wie möglich verdienen, solange er seiner Gesundheit nicht schadet. Sein Körper ist der Tempel des Heiligen Geistes (1. Kor. 6, 19). Erwerb geht niemals vor Gesundheit!

6. Ein Christ kann so viel wie möglich verdienen, wenn er nicht habsüchtig wird. Er darf niemals ein Sklave des Mammons werden (Matth. 6, 24). Richtig ist, Geld zu verdienen, aber falsch, das Geld zu lieben (Ps. 62, 11).

Zusammengefaßt: Ein Christ darf so viel wie möglich verdienen, solange er Gott den ersten Platz in seinem Leben einräumt, seine Familie nicht vernachlässigt, konstruktiv arbeitet, ehrlich handelt, auf seine Gesundheit achtet und die Besitzgier meidet.

Haben, als hätte man nicht

Die nächste Frage, die auf uns zukommt: *Ist es falsch, Geld zu scheffeln?* Richten wir uns nach dem Neuen Testament, so lautet die Antwort unwiderruflich: *Ja, es ist falsch!*

Die Bibel verdammt niemand, weil er reich ist. Durch eine Erbschaft kann man über Nacht reich werden. Aber sie sagt uns viel darüber, was ein Christ mit seinem Reichtum tun sollte.

1. Wir sind Gottes Verwalter (1. Kor. 4, 1. 2). Das heißt, alles, was wir haben, gehört ihm und nicht uns. Es ist unsere Verantwortung, sein Geld auch zu seiner Ehre zu verwenden. Die Meinung, daß wir 90 Prozent für uns ausgeben dürfen, während 10 Prozent dem Herrn zusteht, ist eine falsche Auslegung der neutestamentlichen Haushalterschaft. *Alles* gehört dem Herrn!

2. Wir sollten schon damit zufrieden sein, wenn wir unser Essen haben und uns kleiden können. „Wenn wir aber Nahrung und Kleider haben, so lasset uns genügen" (1. Tim. 6, 8). Das Wort „Kleider" genau übersetzt bedeutet Bekleidung oder Obdach. Es bezieht sich auf jede Art von Unterkunft ebenso wie auf Kleidung. So sagt uns dieser Vers, daß wir zufrieden sein sollen mit dem Lebensnotwendigen — Nahrung, Kleidung und Wohnung. Der Herr erlaubt uns hier also, mehr zu haben, als er während seiner Erdenzeit besaß. Er hatte keinen Platz, wo er sein Haupt hinlegen konnte (Matth. 8, 20).

Natürlich braucht der christliche Unternehmer festes

Kapital und Inventar. Er muß dazu imstande sein, Rohmaterial einzukaufen, die Gehälter auszuzahlen und seinen täglichen finanziellen Verpflichtungen nachzukommen. Die Bibel verbietet deswegen dem Geschäftsmann keineswegs, benötigtes Kapital zu besitzen.

3. Wir sollten so sparsam wie möglich leben und nichts verderben lassen. Nach der Speisung der Fünftausend bat Jesus seine Jünger, die übriggebliebenen Brocken einzusammeln (Joh. 6, 12), was uns ein Beispiel sein sollte.

Wie oft kaufen wir Dinge, die durchaus entbehrlich sind. Besonders zu Weihnachten geben wir ein halbes Vermögen aus für Geschenke, die bald auf dem Dachboden oder in der Ecke landen, wo sie keinem von Nutzen sind.

Wir kaufen teure Gegenstände, wo billigere Artikel ihren Zweck genausogut erfüllen würden. (Nicht immer ist der billigere Artikel der bessere Kauf. Wir müssen Preis, Qualität und gewonnene Zeit usw. vergleichen.)

Wir sollten Disziplin üben, damit wir der Versuchung widerstehen können, alles, was wir haben möchten, zu kaufen. Gewöhnen wir uns an, um Jesu willen genügsam zu sein.

4. Alles, was nicht lebensnotwendig ist, sollte für den Herrn eingesetzt werden (1. Tim. 6, 8). Denn alles gehört ihm! Wir sind seine Verwalter. Unsere Aufgabe ist es, seine Sache auf Erden nach besten Kräften und Vermögen voranzutreiben.

Nun kann man sofort entgegnen, daß es töricht, leichtsinnig und kurzsichtig sei, alles, was wir nicht für Nahrung, Kleidung und Unterkunft brauchen, für die Reichgottesarbeit einzusetzen.

Uns wird jedoch von einer Frau berichtet, die sogar noch mehr als das tat. Sie war eine Witwe, die ihre letzten zwei Groschen in den Opferkasten warf — ihren ganzen Besitz! Jesus weist sie nicht zurecht, sondern er sagt: „Wahrlich, ich sage euch: Diese arme Witwe hat mehr als sie alle (die Reichen) eingelegt. Denn diese alle haben aus ihrem Überfluß eingelegt zu den Opfern; sie aber hat von ihrer Armut alles eingelegt, wovon sie lebte" (Luk. 21, 3. 4).

5. Es wird uns nicht erlaubt, auf Erden Geld anzuhäufen. Die Worte der Heiligen Schrift sind klar und unmißverständlich:

„Ihr sollt euch nicht Schätze sammeln auf Erden, wo sie die Motten und der Rost fressen und wo die Diebe nachgraben und stehlen. Sammelt euch aber Schätze im Himmel, wo sie weder Motten noch Rost fressen und wo die Diebe nicht nachgraben noch stehlen. Denn wo euer Schatz ist, da ist auch euer Herz" (Matth. 6, 19—21).

Die meisten von uns leben so, als ob diese Worte nicht in der Bibel ständen. Wir glauben zwar, daß Jesus sie gesprochen hat. Wir sind davon überzeugt, daß sie göttlich inspiriert sind. Aber wir glauben nicht, daß sie uns persönlich angehen, viel weniger gehorchen wir ihnen.

Nach wie vor bleibt bestehen, daß es *Sünde* ist, auf Erden Schätze zu sammeln. Es widerspricht einfach dem Wort Gottes. Was wir Klugheit und Vorsicht nennen, ist im Grunde nichts anderes als Rebellion und Unrecht.

Auch trifft es immer noch zu, daß dort, wo unsere Schätze sind, auch unser Herz sein wird.

Expräsident Dr. Johnson wurde einmal zur Besichtigung eines luxuriösen Anwesens gebeten. Als er durch die herrschaftlichen Villen und die gepflegten Gärten ging, sagte er zu seinen Freunden: „Das sind die Dinge, die es uns schwermachen zu sterben."

6. Wir müssen Gott auch in bezug auf unsere Zukunft vertrauen. Gott beruft seine Leute zu einem Leben des Glaubens und der Abhängigkeit von ihm. Er lehrt uns zu beten: „Unser täglich Brot gib uns heute" (Matth. 6, 11). Durch die Geschichte des Mannas lehrt er uns, Tag für Tag auf ihn zu schauen, was unsere Bedürfnisse anbetrifft (2. Mose 16, 14—22).

Dies ist also der Wille unseres Herrn:

daß wir erkennen, wir sind Verwalter, und alles, was wir haben, gehört ihm,

daß wir uns mit dem Lebensnotwendigen zufriedengeben,

daß wir so sparsam wie möglich leben,

daß wir alles, was wir nicht unbedingt benötigen, der Reichgottesarbeit zukommen lassen,

daß wir keine Schätze auf Erden sammeln,

und daß wir ihm unsere Zukunft anvertrauen.

Was macht es schon aus?

Warum ist es nun eigentlich für einen Christen verkehrt, wenn er sich ein Vermögen zusammenspart?

1. Zunächst ist es nicht richtig, weil die Bibel es uns sagt (Matth. 6, 19); dies sollte ein ausreichender Grund sein. Warum war es für Adam und Eva nicht richtig, vom Baum der Erkenntnis des Guten und Bösen zu essen? Weil Gott es sagte. Deshalb sollte damit auch für uns der Fall ein und für allemal klar sein.

2. Aber es ist auch deshalb nicht richtig, weil man dadurch die ungeheure geistliche Not der Welt außer acht läßt (Spr. 24, 11. 12). Millionen von Männern und Frauen, Jungen und Mädchen haben noch nie die Botschaft von dem großen Angebot Gottes gehört. Millionen haben weder eine Bibel noch eine evangelistische Schrift. Millionen sterben ohne Gott, ohne Christus, ohne Hoffnung.

Es ist eine Art geistlichen Brudermords, die Mittel für die Verbreitung des Evangeliums zu haben und sie nicht dafür zu verwenden (Hes. 33, 6).

Durch Geldscheffeln beweisen wir, daß es in unserem Herzen an göttlicher Liebe mangelt. „Wenn aber jemand dieser Welt Güter hat und sieht seinen Bruder darben und schließt sein Herz vor ihm zu, wie bleibt die Liebe Gottes in ihm?" (1. Joh. 3, 17).

Als zwei halbverhungerte Aussätzige des Alten Testaments einen großen Nahrungsvorrat ausfindig gemacht hatten, aßen sie sich satt und liefen zurück zu den anderen, um mit ihnen ihren Fund zu teilen (2. Kön. 7, 9). Sollten Christen, die von der Gnade leben, weniger Mitleid zeigen als diese Aussätzigen, die unter dem Gesetz waren?

3. Es ist auch falsch, Geld anzuhäufen, weil man dadurch im höchsten Grade unbarmherzig ist angesichts der Hungersnöte in der Welt (Spr. 3, 27. 28; 11, 26). Der reiche Mann in Lukas 16 kümmerte sich nicht um den Bettler vor seiner Tür. Er hätte nur an sein Fenster zu gehen brauchen, um echte Not zu sehen. Er hätte sie durch einen Teil seines Geldes lindern können. Aber er machte sich nichts daraus.

Die Welt ist voll von Lazarussen. Sie liegen vor unserer Tür. Und Jesus sagt uns: „Du sollst deinen Nächsten lieben wie dich selbst" (Matth. 22, 39).

Wenn wir nicht gewillt sind, jetzt auf unseren Herrn zu hören, werden wir ihn vielleicht eines Tages zu uns sagen hören: „Ich bin hungrig gewesen, und ihr habt mich nicht gespeist. Ich bin durstig gewesen, und ihr habt mich nicht getränkt. Was ihr nicht getan habt einem unter diesen Geringsten, das habt ihr mir auch nicht getan" (Matth. 25, 42. 45).

4. Es ist für einen Christen nicht richtig, Schätze auf Erden zu sammeln, weil Gottes Feinde deswegen lästern (Röm. 2, 24). Es veranlaßte Voltaire zu dem Ausspruch: „Wenn es um 's Geld geht, haben alle Menschen dieselbe Religion."

Viele Ungläubige sind mit den Lehren Jesu vertraut. Sie wissen, daß er uns geboten hat, unseren Nächsten zu lieben. Sie sehen sehr wohl den krassen Widerspruch, wenn solche, die sich Nachfolger Jesu nennen, mit

Prachtwohnungen, lukullischen Mahlzeiten, Luxuswagen und kostbaren Kleidern aufwarten.

Es wird höchste Zeit, daß die Gemeinde Jesu aufwacht! Reden wir doch einmal mit der denkenden Jugend aus allen Teilen der Welt! Hören wir uns ihre Kritik des Christentums an! Sie lehnen sich nicht gegen die Gebote Jesu auf, aber sie opponieren mit aller Schärfe gegen den Reichtum der Gemeinden, der Christen, in einer von Armut heimgesuchten Welt.

5. Wir sind jedoch nicht nur darum besorgt, welchen Eindruck Ungläubige gewinnen, sondern es geht auch um die jungen Christen.

Sie halten sich an das Beispiel ihrer Vorbilder. Unser Leben verrät weit mehr als unsere schönsten Worte. Wie wir die Dinge bewerten, zeigt sich nicht so sehr in der ergreifenden Missionsbotschaft, die wir am Sonntag geben, sondern hauptsächlich in unserem Alltagsleben.

Junge Menschen beurteilen die Echtheit unserer Nachfolge an unserer Einstellung zum Besitz. Sie lassen sich nicht beeindrucken von dringlichen Spendenaufrufen für ein Missionsprojekt, wenn wir nur einen Scheck auszustellen brauchten, um der Not selbst zu begegnen.

Wenn wir unser Leben damit zubringen, Geld zu verdienen, dann brauchen wir nicht überrascht sein, wenn junge Menschen unserem Beispiel folgen. Möchten wir doch niemals die Warnung unseres Herrn Jesus vergessen: „Es ist unmöglich, daß nicht Ärgernisse kommen; weh aber dem, durch welchen sie kommen! Es wäre ihm besser, daß man einen Mühlstein an seinen Hals hängte und würfe ihn ins Meer, als daß er einem dieser Kleinen Ärgernis gibt (Lukas 17, 1. 2).

6. Es ist auch deshalb Sünde, Besitz anzuhäufen, weil wir dadurch Gott berauben (Mal. 3, 8). Wir haben bereits gesehen, daß alles, was wir besitzen, ihm gehört. Können wir unser Geld nicht direkt für die Interessen unseres Herrn verwenden, dann sollten wir es solchen zukommen lassen, die das können. Aber es ist unverzeihlich, es aufzubewahren (Luk. 19, 20—26).

7. Wenn wir dem Herrn in der Gelderverwaltung nicht gehorsam sind, wird unser geistlicher Blick verfinstert (Matth. 6, 22—24). Wir werden blind für Aussagen der Bibel, die an sich klar und unmißverständlich sind. Wir fühlen uns nicht mehr angesprochen.

Harrington C. Lees schreibt:

„Der empfindlichste Teil des zivilisierten Menschen ist sein Geldbeutel, und ein Prediger hat dann einen harten Kampf auszufechten, wenn er auf das Portemonnaie seiner Zuhörer zielt."

Bibelworte über Selbstverleugnung scheinen uns nichts anzugehen, wenn wir satt und zufrieden in Zion leben. Ganz bestimmt können wir nicht mit Vollmacht über Bibelworte predigen, die wir selbst nicht befolgen.

Durch Ungehorsam auf diesem Gebiet wie auf allen anderen verstümmeln wir unsere Bibel (Matth. 13, 14. 15).

8. Das Ansammeln von Gütern macht ein Leben aus Glauben praktisch unmöglich. Warum? Weil es kaum möglich ist, Reichtum zu besitzen, ohne darauf zu vertrauen. Der Wohlhabende ist sich oft nicht bewußt, wie sehr er sich auf sein Vermögen verläßt.

„Das Gut des Reichen ist ihm eine feste Stadt und wie eine hohe Mauer in seinem Dünkel" (Sprüche 18, 11).

Er verläßt sich auf sein Geld, um all seine Probleme zu lösen, um gegenwärtiges Vergnügen und eine Versicherung für die Zukunft zu haben. Würde er es plötzlich verlieren, so stände er rückhaltlos da, und panische Angst würde ihn überfallen. In der Tat fällt es uns leichter, einem sichtbaren Bankkonto zu vertrauen als dem unsichtbaren Gott. Der Gedanke, daß wir niemand und nichts haben, worauf wir uns verlassen können, als allein auf Gott, kann uns schon einem Nervenzusammenbruch nahe bringen.

„Wären wir ausschließlich seinen Händen überlassen, dann fühlten wir uns nicht mehr sicher; hätten wir dagegen ein Vermögen zu unserer Verfügung, wären wir doppelt und dreifach gegen Feuer und Diebstahl versichert, dann hätten wir keine Angst. So begeben wir uns in die Gefahr, das Vertrauen auf die väterliche Fürsorge Gottes zu verlieren" (Samuel Cox).

Gottes Wille für einen jeden von uns ist, daß wir ständig in völliger Abhängigkeit von ihm leben. Wir widersetzen uns seinem Willen, wenn wir Schätze auf Erden sammeln.

Das Leben aus dem Glauben ist das einzige Leben, das Gott gefällt; ohne Glauben ist's unmöglich, ihm zu gefallen (Hebr. 11, 6).

Das Leben aus dem Glauben ist das einzige Leben mit wirklicher Sicherheit. „Verlaß dich auf den Herrn von ganzem Herzen, und verlaß dich nicht auf deinen Verstand; sondern gedenke an ihn in allen deinen Wegen, so wird er dich recht führen" (Spr. 3, 5. 6).

Nichts ist so zuverlässig wie die Verheißungen Gottes, und deshalb ist das Leben aus dem Glauben ein sorgenfreies Leben. Nervöse und seelische Störungen entspringen den Sorgen über materielle Dinge und niemals einem Wandel mit Gott im Glauben.

Das Leben aus dem Glauben ist das einzige Leben, welches Gott alle Ehre gibt. Wenn wir uns dagegen an das halten, was wir sehen, verherrlichen wir den menschlichen Verstand und menschliche Klugheit.

Solch ein Leben aus dem Glauben spricht deutlich zu den Ungläubigen und zu Mitchristen. Es bezeugt allen Menschen, daß Gott lebt und Gebete erhört.

Glauben ist das Gegenteil von sehen. Wenn wir „sehen" können, sind wir nicht in der Lage zu vertrauen.

Das Scheffeln von Geldern macht das Leben aus dem Glauben unmöglich.

Ein Leben aus dem Glauben folgt nicht automatisch, wenn man Christ wird. Es erfordert entschlossenes Handeln von unserer Seite. Dies trifft ganz besonders in einem Wohlstandsstaat zu. Der Gläubige muß sein Leben so einrichten, daß er gezwungen ist, auf Gott zu vertrauen. Er kann das tun, indem er seinen Besitz verkauft und den Armen gibt. Nur dann, wenn er sich seiner Reserven entledigt und falsche Rückversicherungen aufgibt, kann er Gottes Wunder erfahren.

9. Und nicht nur das, es entehrt unseren Herrn, wenn wir in einer Welt, wo er immer noch abgelehnt wird und seine Diener verfolgt werden, als Könige herrschen. Paulus schreibt an die Korinther:

„Ihr seid schon satt geworden? Ihr seid schon reich geworden? Ihr herrschet ohne uns? Ja, wollte Gott, ihr herrschtet, auf daß auch wir mit euch herrschen möchten!

Denn mich dünkt, Gott habe uns Apostel als die Allergeringsten dargestellt, wie dem Tode übergeben. Denn wir sind ein Schauspiel geworden der Welt und den Engeln und den Menschen. Wir sind Narren um Christi willen, ihr aber seid klug in Christus; wir schwach, ihr aber stark, ihr herrlich, wir aber verachtet. Bis auf diese Stunde leiden wir Hunger und Durst und Blöße und werden geschlagen und haben keine sichere Stätte und arbeiten und wirken mit unseren eigenen Händen. Man schilt uns, so segnen wir; man verfolgt uns, so dulden wir's; man lästert uns, so reden wir freundlich. Wir sind geworden wie der Abschaum der Welt, jedermanns Kehricht bis heute" (1. Kor. 4, 8—13).

Die Korinther regierten wie Könige, obwohl Jesus seine Herrschaft auf Erden noch nicht angetreten hat. Es schien sie wenig zu berühren, daß ihre Brüder Verfolgung litten.

10. Das Anhäufen von Vermögen widerspricht eindeutig dem Vorbild des Herrn Jesus. Er war unendlich reich, und doch wurde er freiwillig arm, auf daß wir durch seine Armut reich würden (2. Kor. 8, 9).

In der Originalsprache des Neuen Testaments gibt es zwei Ausdrücke für das Wort arm. Das eine Wort bezeichnet die Lage eines Arbeiters, der nichts außer dem Lebensnotwendigen besitzt. Das andere Wort bedeutet völlig mittellos sein. Dieses zweite Wort gebraucht Paulus, um die Armut des Herrn Jesus zu beschreiben.

11. Ein anderes Übel des Reichtums besteht darin, daß er dem Gebetsleben schadet. Wenn immer für alle materiellen Bedürfnisse im voraus gesorgt ist, sind wir in diesem Punkt nicht mehr aufs Beten angewiesen.

Schlimmer noch ist die Heuchelei, die wir dann zutage legen, wenn wir Gott um Dinge bitten, die wir selbst erledigen können. Wie oft bitten wir Christen zum Beispiel Gott um die Mittel für ein bestimmtes Projekt einer Missionsgesellschaft, wenn wir selbst das Geld — mindestens zum Teil — unverzüglich auf den Tisch legen könnten. Wie oft ist dem Herrn das Geld, das eigentlich ihm gehört, nicht zugänglich!

12. Auch ist es verkehrt, daß sich der Christ ein Vermögen erwirbt, weil dies andere ermutigen könnte, sich zu bekehren, in der Hoffnung, dann reich zu werden. Die Armut der ersten Christen war für sie nicht Verlust, sondern Gewinn:

„Eine Religion, die die Welt aus ihren Angeln hob, während ihre ersten Prediger alle arm waren, kann nur göttlichen Ursprungs sein. Hätten die Apostel Geld gehabt, um es ihren Hörern zu geben oder wären sie von einer furchteinflößenden Armee begleitet worden, so könnte ein Gegner vielleicht bestreiten, daß ihrem Erfolg etwas Außergewöhnliches zugrunde liegt. Aber die Armut der Jünger nimmt den Gegnern allen Wind aus den Segeln. Mit einer Lehre, die dem menschlichen Herzen gegen den Strich geht, ohne jede Möglichkeit, Gehorsam zu erzwingen oder die Leute zu bestechen, setzten einige einfache Galiläer die ganze Welt in Bewegung. Hierfür gibt es nur eine Erklärung: Das Evangelium von Christus, das diese Männer verkündigten, ist die Wahrheit Gottes" (J. C. Ryle).

Gilmour, ein Missionar in der Mongolei, schrieb hierzu:

„Komme ich zu ihnen als Wohlhabender, dann werden sie nicht aufhören zu betteln und nur an meinem Reichtum interessiert sein. Komme ich zu ihnen lediglich mit dem Evangelium, dann wird nichts ihre Aufmerksamkeit von der unaussprechlichen Gabe Gottes ablenken können."

Petrus und Johannes begegneten einem lahmen Bettler an der Pforte des Tempels. Als er sie um ein Almosen bat, sagte Petrus: „Silber und Gold (Geld) habe ich nicht; was ich aber habe, das gebe ich dir: Im Namen Jesu Christi von Nazareth stehe auf und wandle!" (Apg. 3, 6).

Vielleicht werden einige sagen, daß Prediger und Missionare zwar arm sein sollten, aber nicht unbedingt alle Christen. Aber wo lehrt die Bibel einen unterschiedlichen Lebensstandard für Prediger und Gemeinde, für Missionare und Christen in der Heimat?

Einige Gegenargumente

Nun müssen wir auf die wesentlichen Punkte zu sprechen kommen, mit denen Gläubige das Sparen für ihren späteren Unterhalt sowie für die Zukunft ihrer Familie rechtfertigen wollen.

1. Das erste Argument hört sich ungefähr so an: „Es ist nicht mehr als vernünftig, wenn wir für unser Alter Geld auf die Seite legen. Was geschieht dann, wenn wir nicht mehr imstande sind zu arbeiten? Wir sollten uns immer auf Notzeiten gefaßt machen. Gott erwartet von uns, daß wir unseren Verstand gebrauchen."

Die Begründung hört sich wohl überzeugend an, redet aber gewiß nicht die Sprache des Glaubens. Reserven sind Krücken und Stützen, die schnell zum Ersatz für wahres Gottvertrauen werden. Wir können nicht vertrauen, solange wir „sehen" können.

Haben wir uns einmal entschlossen, für unsere Zukunft vorzusorgen, dann lassen uns quälende Fragen nicht mehr los: Wieviel wird reichen? Wie lange werden wir leben? Müssen wir mit einer Abwertung rechnen? Wird eine Inflation kommen? Sollten wir nicht noch eventuelle Arztrechnungen berücksichtigen?

Es ist unmöglich, im voraus zu wissen, wieviel genug sein wird. Deshalb bringen wir unser Leben damit zu, unser Konto „anzufüllen", um für unseren kurzen Lebensabend vorzusorgen. In der Zwischenzeit ist Gott beraubt worden, und unser eigenes Leben diente dazu, dort Sicherheit zu suchen, wo man sie nicht finden kann. Dies soll nicht heißen, daß sich ein Jünger Jesu der gesetzlichen Kranken- und Rentenversicherung entziehen soll, siehe Römer 13, 1—3.

Wieviel besser ist es doch, wenn wir fleißig für unsere gegenwärtigen Bedürfnisse arbeiten, wenn wir dem Herrn so viel wie möglich dienen, wenn wir alles, was wir jetzt nicht brauchen, für die Reichgottesarbeit geben und ihm für unsere Zukunft vertrauen. Denen, die ihn an die erste Stelle setzen, hat er versprochen:

„. . . so wird euch alles andere gegeben werden" (Matth. 6, 33).

Und an die Philipper, die ihr Geld für die Verbreitung der Wahrheit benützten, schrieb Paulus:

„Mein Gott aber wird euch nach seinem Reichtum alles, was ihr bedürft, in reicher Fülle zukommen lassen in Christus Jesus" (Phil. 4, 19 — Menge).

Welch unaussprechliche Tragödie verbirgt sich gegenwärtig doch hinter der Meinung, man könne sein Leben dem Reichwerden widmen, um dann den Lebensabend Gott zur Verfügung zu stellen. Das bedeutet, daß wir unsere besten Jahre in einer Firma oder in einem Betrieb zubringen und dann den kümmerlichen Rest Jesus geben. Aber selbst für diesen können wir nicht garantieren, denn der Tod kommt meist dann, wenn wir nicht mit ihm rechnen.

Es hört sich sehr vernünftig an, für schlechte Zeiten vorzusorgen. Aber wie das in Wirklichkeit aussieht, formuliert Cameron Thompson sehr treffend: „Gott überschüttet alle die mit reichem Segen, die darum besorgt sind, daß nichts an ihren Händen klebt. Diejenigen dagegen, die sich mehr um ihre Zukunft kümmern als um die gegenwärtige Not in der Welt, gehen ohne diesen Segen aus."

2. Ein zweites Argument zugunsten des Sparers gründet man auf 1. Timotheus 5, 8: „Wenn aber jemand die Seinen, sonderlich seine Hausgenossen, nicht versorgt, der hat den Glauben verleugnet und ist ärger als ein Heide."

In diesem Abschnitt spricht Paulus über die Versorgung der Witwen in der Gemeinde. Er sagt, daß die gläubigen Verwandten einer Witwe für ihre Unterstützung verantwortlich sind. Wenn die Witwe dagegen keine Verwandten hat, die dies tun können, sollte die Gemeinde sie versorgen.

Wichtig ist, daß wir hier folgendes sehen: Paulus sagt nichts davon, daß man Geld beiseite legen muß, um die Witwe irgendwann in der späteren Zukunft zu versorgen. Er spricht vielmehr von ihrer gegenwärtigen Not. Christen sollten bedürftige Verwandte Tag für Tag versorgen; tun sie das nicht, dann verleugnen sie dadurch praktisch den christlichen Glauben, der uns Liebe und Freigiebigkeit lehrt. Selbst Ungläubige sorgen für ihre Familienangehörigen. Ein Christ, der dies nicht tut, ist deshalb schlechter als ein Ungläubiger.

Der Vers sagt nichts von Reserven, Sparverträgen oder ähnlichen Geldanlagen. Er spricht über augenblickliche Notwendigkeiten, nicht von zukünftigen Verpflichtungen.

3. Das dritte Argument ähnelt so ziemlich dem zweiten. Viele christliche Eltern fühlen sich verpflichtet, ihren Kindern ein ansehnliches Erbe zu hinterlassen. Sie glauben, daß auch dies damit gemeint ist, wenn Paulus vom

Versorgen unserer Hausgenossen spricht (1. Tim. 5, 8). Man macht hier keinen Unterschied, ob die Kinder Christen sind oder nicht; der Wunsch ist einfach da, für eine Aussteuer zusammenzusparen.

2. Korinther 12, 14 wird manchmal angewandt, um die Lehre zu unterstützen, daß Eltern Geld für ihre Kinder sparen sollten. Dort heißt es: „Denn es sollen nicht die Kinder den Eltern Schätze sammeln, sondern die Eltern den Kindern."

Im unmittelbaren Zusammenhang geht es um die finanzielle Unterstützung des Paulus. Er hatte, während er den Korinthern predigte, kein Geld von ihnen genommen, sondern wurde von anderen Gemeinden versorgt (2. Kor. 11, 7. 8). Nun war er bereit, nach Korinth zurückzukehren und versicherte ihnen, daß er sie nicht beschweren würde (12, 14). Er wollte finanziell nicht von ihnen abhängig sein. Er war nicht an ihrem materiellen Besitz interessiert, sondern an ihrem geistlichen Wohl.

An dieser Stelle fügt er hinzu: „. . . denn es sollen nicht die Kinder den Eltern Schätze sammeln, sondern die Eltern den Kindern." Die Korinther waren die Kinder, und Paulus war ihr geistlicher Vater (1. Kor. 4, 15). Auf diese Weise sagte er ihnen ein wenig ironisch, daß nicht sie ihn, sondern er sie unterstützen sollte. Es schwingt deshalb ein wenig Ironie mit, weil es eigentlich ihre Pflicht gewesen wäre, zu seiner Unterstützung beizutragen (1. Kor. 9. 11. 14); aber er war entschlossen, in ihrem Fall auf seine Rechte zu verzichten.

Es ist wichtig zu sehen, daß es in diesem Abschnitt nicht um die Ansammlung von Rücklagen für die Zukunft geht. Hier ist die Rede von gegenwärtigen Bedürfnissen, wenn Paulus davon spricht, daß Eltern Schätze für die Kinder sammeln, das heißt sie versorgen.

Für die Kinder ein Erbe anzulegen, wird nirgends im Neuen Testament gutgeheißen. Das größte Vermächtnis, das Eltern hinterlassen können, ist geistlicher Art. Ist aber das Geldverdienen die Hauptbeschäftigung der Eltern, so wird dieses Vermächtnis den Kindern vorenthalten.

Denken wir nur einmal daran, wieviel Unheil schon entstanden ist durch finanzielle Vermächtnisse von Christen.

a) Plötzliche Erbschaften haben schon viele junge Leute zum geistlichen Ruin geführt. Sie haben sich am Materialismus und Vergnügen berauscht und wurden dadurch für den Dienst Jesu untauglich.

b) Oder denken wir daran, in welche Konflikte sonst friedliche Familien durch Testamente und Güter geraten sind. Eine Schwester wurde neidisch auf die andere, und Bruder mißgönnte dem Bruder. Bittere Streitigkeiten hielten ihr ganzes Leben an.

In Lukas 12, 13. 14 wird uns von einem Erbstreit berichtet. Jesus lehnte es ab, sich einzumischen; er war nicht für diese Dinge auf die Erde gekommen. Aber er nahm sich Zeit, diesen unglücklichen Mann, der im Testament übergangen worden war, eindringlich vor Habsucht zu warnen.

c) Einer der häufigsten Fälle: Eltern arbeiten schwer ihr ganzes Leben lang, um den Kindern etwas hinterlassen zu können. Später werden sie alt, gebrechlich und fallen ihrer Familie zur Last. Und die undankbaren Kinder können kaum den Augenblick abwarten, bis ihre Eltern sterben, um in den Besitz des Geldes zu gelangen.

d) Da sind nun ungläubige Kinder oder solche, die einen ungläubigen Ehepartner wählten. Wie oft wurde dann das Geld einer Kirche oder Sekte gestiftet, die nicht dem Wort Gottes treu war. So wurde das Geld nicht zur Verbreitung, sondern zur Bekämpfung des Evangeliums verwandt!

e) Auch müssen wir bedenken, daß ein beträchtlicher Teil des Geldes dem Staat zufließt in Form von Erbschaftssteuer und Anwaltskosten. Dies hätte man dagegen für die Errettung von unsterblichen Seelen einsetzen können.

f) Einige Christen versuchen, diese Sorgen zu umgehen, indem sie ihr Geld christlichen Missionswerken hinterlassen. Aber wir haben keine Garantie dafür, daß das Geld auch wirklich dorthin kommt, denn Testamente werden oft angefochten.

Abgesehen davon gibt es hierfür keine biblische Begründung. Im übrigen, wer garantiert dafür, daß diese oder jene Missionsarbeit noch unter Gottes Segen steht, wenn das Testament rechtskräftig wird?

„Sie sammeln und wissen nicht, wer es einnehmen wird" (Ps. 39, 7). Wir wissen nur dann, ob unser Geld für den Herrn verwendet wird, wenn wir es zu unseren Lebzeiten geben. Und nur auf diese Weise erhalten wir eine Belohnung.

Wir sagen, daß wir an die bevorstehende Wiederkunft Jesu glauben. Dann sollten wir auch bedenken: Je näher wir seinem Kommen entgegengehen, desto geringer wird der Wert unserer materiellen Besitztümer. Und wenn er da ist, werden unsere Ersparnisse weder für uns noch für ihn mehr einen Wert haben. Deshalb ist es das beste, wenn wir unseren Besitz *jetzt* für die Sache Gottes einsetzen.

4. Ein weiteres Argument ist: „Wie können wir dabei existieren, wenn jeder von uns alles, was er nicht unbedingt sofort braucht, der Reichgottesarbeit geben würde? Wenigstens einige müssen doch mit beiden Füßen auf der Erde bleiben!"

Wie wir dabei existieren können? Die Antwort ist ganz einfach: „Mehr durch Glauben und weniger durch Sehen!" Es wäre zwecklos, sich zu streiten, ob das praktisch möglich ist, denn bei der Urgemeinde war es möglich.

„Alle aber, die gläubig waren geworden, waren beieinander und hatten alle Dinge gemeinsam. Ihre Güter und Habe verkauften sie und teilten sie aus unter alle, nach dem jedermann not war" (Apg. 2, 44. 45).

„Es war auch keiner unter ihnen, der Mangel hatte; denn wieviel ihrer waren, die da Äcker oder Häuser hatten, die verkauften sie und brachten das Geld des verkauften Guts und legten es zu der Apostel Füßen; und man gab einem jeglichen, was ihm not war" (Apg. 4, 34. 35).

Im Korintherbrief sagt Paulus, daß unser materieller Besitz leicht verfügbar sein sollte. Sobald wir von einer echten Notlage hören, sollte unser Geld dort hingehen. Wenn wir dagegen in Schwierigkeiten sind, wird man auch uns helfen. Auf diese Weise würde ein ständiger, gesunder Ausgleich unter Gottes Kindern hergestellt.

„Nicht geschieht das (die Geldsammlung) in der Meinung, daß die andern gute Tage haben sollen und ihr Trübsal, sondern daß ein Ausgleich sei. Euer Überfluß diene ihrem Mangel in der gegenwärtigen Zeit, damit auch ihr Überfluß hernach diene eurem Mangel und so ein Ausgleich geschehe, wie geschrieben steht (2. Mose 16, 18): Der viel sammelte, hatte nicht Überfluß, und der wenig sammelte, hatte nicht Mangel" (s. 2. Kor. 8, 13—15).

In anderen Worten: wenn jemand sein Leben dem Herrn ausgeliefert hat und treu gewesen ist in der Verwaltung seines Besitzes, sollten ihm andere Christen gerne und willig aushelfen, wenn er in Not ist.

Sind wir einmal ehrlich gegen uns selbst, so müssen wir zugeben, daß uns der Gedanke widerstrebt, von anderen abhängig zu sein. Wir sind stolz auf unsere Unabhängigkeit. Ist dies aber nicht ein Ausdruck unseres Ichs, anstatt des Lebens Jesu in uns?

Die Anweisungen des Apostels Paulus hinsichtlich der Witwenversorgung in 1. Timotheus 5, 3—13 setzen eine Gemeinde voraus, in der die Liebe Gottes regiert, die Gläubigen füreinander sorgen und das Geld ungehemmt dort hinfließt, wo Not am Mann ist.

Denen, die behaupten, daß dies zwar in der Urgemeinde möglich war, aber in der heutigen Zeit nicht mehr funktioniert, sei gesagt: Es funktioniert auch *heute*. Es *gibt* Christen, die dieses Leben des Glaubens praktizieren. Die *Vollmacht* und die *Anziehungskraft*, die von ihrem Leben ausgeht, kann man nicht von der Hand weisen.

5. Vielleicht hält jetzt jemand dagegen: „Hat Paulus nicht gesagt: ‚Ich kann niedrig sein und hoch sein ...

satt sein und hungern, übrig haben und Mangel leiden'
(Phil. 4, 12)?"

Offensichtlich sieht er den Mangel leidenden Paulus
hungrig, durstig, müde, barfuß und in Lumpen durch
die einsame Wüste wandern. Dagegen stellt er sich den
Paulus — als er „übrig hatte" — ungefähr so vor: ein
stattlicher junger Mann, der nach der letzten Mode ge-
kleidet mit seinem Mercedes 200 im Grandhotel an der
Riviera absteigt usw. In anderen Worten: er konnte unter den Hippies und unter der High Society leben.

Aber das meint Paulus im Philipperbrief nicht. Wir
müssen beachten, daß dieser Brief im *Gefängnis* geschrieben wurde und nicht an einem Badestrand. Und
aus dem Gefängnis berichtet er:

„Denn ich habe alles und habe überflüssig. Ich habe die
Fülle, da ich empfing durch Epaphroditus, was von euch
kam . . ." (Phil. 4, 18).

Man sollte annehmen, das Gefängnis wäre der Ort des
Mangelleidens gewesen, aber für Paulus war es genau
umgekehrt. Es ist daher nicht richtig, Philipper 4, 12 als
Rechtfertigung für ein Leben in Saus und Braus anzu-
führen. Das wäre falsch ausgelegt.

6. „Wie steht es aber mit dem Vers, der uns sagt, daß
Gott uns alles reichlich darbietet, es zu genießen (1. Tim.
6, 17)?" — Dieser Vers wird oft als biblischer Beweis
angeführt, daß der Gläubige „die guten Dinge des Lebens" genießen soll und nichts dagegen einzuwenden
ist, wenn er sich immer das Modernste und Beste an-
schafft. Sein Wahlspruch lautet: „Das Beste ist für Gottes Volk gerade gut genug."

Aber auch hier betrachtet man den Vers nicht im Zusammenhang. Er beginnt nämlich mit der Aufforderung: „Den Reichen in dieser Welt gebiete, daß sie nicht stolz seien, auch nicht hoffen auf den ungewissen Reichtum ..." Dieser Vers enthält daher keine Entschuldigung für Genußsucht, sondern eine ernste Mahnung an die Reichen.

Was ist nun damit gemeint, daß Gott uns alles reichlich darbietet, uns zur Freude? Es bedeutet, daß er uns diese Dinge nicht gegeben hat, um sie zu horten, sondern der echte Genuß besteht darin, daß wir sie mit anderen teilen. Dies geht ganz klar aus den folgenden beiden Versen hervor:

„... daß sie Gutes tun, reich werden an guten Werken, gerne geben, behilflich seien, und sich durch solche Schätze einen guten Grund legen aufs Zukünftige (aufs Ewige), auf daß sie ergreifen das wahre Leben" (1. Tim. 6, 18. 19).

Wir freuen uns des Reichtums nicht, wenn wir ihn für uns behalten, sondern wenn wir ihn für die Ehre Gottes und für das Wohl anderer verwenden.

7. Dann werden wir oft daran erinnert, daß Abraham ein reicher Mann war (1. Mose 13, 2) und trotzdem „ein Freund Gottes" (Jak. 2, 23) genannt wurde. Das ist natürlich wahr, aber wir müssen bedenken, daß Abraham in der alttestamentlichen Zeit lebte, in der materieller Wohlstand denen verheißen war, die dem Herrn gehorchten. Reichtum war ein Zeichen für den Segen Gottes.

Trifft dies auch für das Zeitalter der Gnade zu? Es entspräche wohl mehr der Wahrheit zu sagen, daß Verzicht den Segen nach sich zieht.

Das Gleichnis vom reichen Mann und Lazarus in Lukas 16, 19—31 zeigt uns jedoch, daß es selbst zur Zeit des Alten Bundes verwerflich war, Güter für sich selbst anzuhäufen, wenn der Nachbar am Verhungern war.

8. Werden wir aber nicht aufgefordert, von der Ameise zu lernen?

„Gehe hin zur Ameise, du Fauler; siehe ihre Weise an und lerne! Ob sie wohl keinen Fürsten noch Hauptmann noch Herrn hat, bereitet sie doch ihr Brot im Sommer und sammelt ihre Speise in der Ernte" (Spr. 6, 6—8).

Sagt uns dieser Vers nicht, daß die Ameise für ihre Zukunft spart und daß wir sie darin nachahmen sollen? — Ja, aber wir dürfen nicht vergessen, die Zukunft der Ameise ist auf dieser Erde und die Zukunft des Christen im Himmel. Der Gläubige ist hier nur ein Pilger und Fremdling (Hebr. 11, 13); seine Heimat ist droben. Und er *sollte* Schätze für seine Zukunft sammeln.

Aber was sein jetziges Leben anbetrifft, so wird es ihm verboten, sich um den nächsten Tag zu sorgen — was er essen oder was er anziehen soll (Matth. 6, 25). Er wird vielmehr dazu aufgerufen, es den Vögeln nachzumachen, die keine Vorratskammern neben ihre Nester bauen; und trotzdem nährt sie unser himmlischer Vater. Die Schlußfolgerung ist: Wenn Gott die Sperlinge versorgt, wieviel mehr wird er sich dann um uns kümmern?!

9. Ein weiterer Einwand ist, daß es auch reiche Christen geben müsse, damit sie die Reichen ansprechen können. — Die Christen der Urgemeinde wußten nichts

davon. „Geschichtsschreiber berichten uns, daß den ersten Christen so sehr daran gelegen war, die Botschaft Jesu überallhin zu tragen, daß einige von ihnen sich als Knechte bewarben oder sich sogar als Sklaven verkauften, um in die heidnischen Wohnungen der Reichen und der Elite Einlaß zu bekommen. Sie lebten dort und nutzten jede Gelegenheit, ihnen die Liebe Jesu und sein Erlösungswerk zu verkündigen" (aus „Come ye Apart" von J. R. Miller).

Und was die Bibel dazu sagt

Nun haben wir die meist gebrauchten Einwände betrachtet, mit denen Christen sich zu rechtfertigen suchen, wenn sie Geld zurückbehalten, das sie im Augenblick nicht benötigen.

Diese wenigen, schwachen Argumente stehen jedoch in krassem Widerspruch zu den vielen Bibelworten, die uns vor den Gefahren des Reichtums warnen.

1. „Ein treuer Mann wird viel gesegnet; wer aber eilt, reich zu werden, wird nicht unschuldig bleiben. Wer eilt zum Reichtum und ist neidisch, der weiß nicht, daß Mangel ihm begegnen wird" (Spr. 28, 20. 22).

Das Jagen nach materiellen Gütern ist eines Menschen, der nach dem Ebenbild Gottes geschaffen wurde, unwürdig.

2. „Niemand kann zwei Herren dienen: entweder er wird den einen hassen und den anderen lieben, oder er wird dem einen anhangen und den andern verachten. Ihr könnt nicht Gott dienen und dem Mammon" (Matth. 6, 24).

Gott und das Geld werden hier mit zwei Vorgesetzten verglichen, deren Interessen so unterschiedlich sind, daß es unmöglich ist, beiden gleichzeitig zu dienen. Dies spricht gegen solche, die für zwei Welten leben, d. h. die sowohl im zukünftigen Leben als auch hier schon alles haben wollen, die schon hier Reichtum genießen möchten und wünschen, droben dafür auch noch belohnt zu werden. Jesus sagt: Du kannst nicht beides haben, du mußt entweder das eine oder das andere wählen.

3. „Jesus aber sprach zu seinen Jüngern: Wahrlich, ich sage euch: Ein Reicher wird schwer ins Himmelreich kommen. Und weiter sage ich euch: Es ist leichter, daß ein Kamel durch ein Nadelöhr gehe, als daß ein Reicher ins Reich Gottes komme. Da das seine Jünger hörten, entsetzten sie sich sehr und sprachen: Ja, wer kann dann selig werden? Jesus aber sah sie an und sprach zu ihnen: Bei den Menschen ist's unmöglich; aber bei Gott sind alle Dinge möglich" (Matth. 19, 23—26).

Ich frage mich, ob wir diese Worte Jesu wirklich ernst nehmen. Er sagte nicht, daß es schwer sei für einen Reichen, ins Reich Gottes zu kommen; er sagte, daß es menschlich unmöglich ist.

Es gibt eine Auslegung, daß mit dem Nadelöhr eine schmalere Tür im Stadttor gemeint ist. Ein Kamel mußte sich sehr tief herunterbeugen, um durchzukommen. Hier ist aber von einer richtigen Nähnadel die Rede, und kein Kamel kann durch ihr Öhr hindurchschlüpfen.

Nur ein besonderes Wunder der göttlichen Macht kann einen Wohlhabenden befähigen, ins Reich Gottes zu kommen. Warum kämpfen wir dann so hart, um das zu verteidigen, was ein solch großes Hindernis für das ewige Wohl des Menschen darstellt?

4. „Weh euch Reichen! denn ihr habt euren Trost dahin" (Luk. 6, 24).

Hier spricht der Sohn Gottes persönlich ein Weh über die reichen Leute aus. Das kann man hier nur wörtlich nehmen. Es kann nichts anderes bedeuten als reich. Warum versuchen wir dann, die zu segnen, die Gott nicht gesegnet hat?

5. „Verkauft, was ihr habt, und gebt Almosen. Macht

euch Beutel, die nicht veralten, einen Schatz, der nimmer abnimmt, im Himmel, wo kein Dieb zukommt und den keine Motten fressen. Denn wo euer Schatz ist, da wird auch euer Herz sein" (Luk. 12, 33. 34).

Diese Worte waren an die Jünger gerichtet (s. Vers 22). Wir versuchen, sie zu umgehen, indem wir sagen, daß wir nicht damit gemeint sind. Aber warum sollten sie uns nicht gelten? Wenn wir diese Verse ablehnen, widerstreben wir nur der Segnung.

Ist es nicht gerade ein Gebot für uns in diesem Zeitalter der Gnade, überflüssigen Besitz — unsere Diamanten und andere kostbare Schmuckstücke, unsere Gemälde im Original, unsere wertvolle Briefmarkensammlung usw. — zu verkaufen und den Erlös einzusetzen für die Errettung unsterblicher Seelen?

Woran hängt unser Herz? Hängt es an einem Bankkonto? Oder an den Dingen des Reiches Gottes?

„Wo euer Schatz ist, da wird auch euer Herz sein."

6. „Da Jesus das hörte, sprach er zu ihm: Es fehlt dir noch eins. Verkaufe alles, was du hast, und gib's den Armen, so wirst du einen Schatz im Himmel haben, und komm, folge mir nach! Da er aber das hörte, ward er traurig; denn er war sehr reich" (Luk. 18, 22. 23).

Es wird uns immer gesagt, daß der reiche Jüngling ein Sonderfall war und daß dieses Gebot nicht allgemein für alle Reichen gültig ist. Selbst wenn diese Behauptung richtig wäre, müssen wir zugeben, daß die Anweisung in Lukas 12, 33. 34 kaum von diesem Vers abweicht.

7. „Es ist aber ein großer Gewinn, wer gottselig ist und

lässet sich genügen. Denn wir haben nichts in die Welt gebracht; darum werden wir auch nichts hinausbringen. Wenn wir aber Nahrung und Kleider haben, so lasset uns genügen. Denn die da reich werden wollen, die fallen in Versuchung und Stricke und viel törichte und schädliche Lüste, welche die Menschen versinken lassen in Verderben und Verdammnis. Denn Habsucht ist eine Wurzel alles Übels; wie etliche gelüstet hat und sind vom Glauben abgeirrt und machen sich selbst viel Schmerzen. Aber du, Gottesmensch, fliehe solches! Jage aber nach der Gerechtigkeit, der Gottesfurcht, dem Glauben, der Liebe, der Geduld, der Sanftmut" (1. Tim. 6, 6—11).

Paulus sagt hier, daß der Habsüchtige sich viel Schmerzen bereitet. Welche Schmerzen sind hier gemeint?

(1) Es ist unvermeidlich, daß der Reiche von Sorgen begleitet wird. „... die Fülle des Reichen läßt ihn nicht schlafen" (Pred. 5, 11). Der Besitz, der eigentlich Sicherheit bringen sollte, bringt das Gegenteil — ständige Angst vor Diebstahl, Fallen der Aktien, Inflation usw.

(2) Dann hat man die Sorgen, ob seine Kinder nicht durch den Überschuß an materiellen Gütern in geistlicher Hinsicht ruiniert werden. Relativ wenige Kinder von wohlhabenden Christen folgen dem Herrn nach.

(3) Hinzu kommt die Enttäuschung darüber, daß auch der Reichtum uns in bestimmten Notlagen nicht helfen kann.

(4) Auch ist es schmerzlich für den Wohlhabenden, daß er niemals weiß, wie viele echte Freunde er hat. Dies scheint ein Widerspruch zur Aussage in Sprüche 14, 20

zu sein, wo es heißt: „Einen Armen hassen auch seine Nächsten; aber die Reichen haben viel **Freunde.**" Aber sind das wahre Freunde, oder spielen sie diese Rolle nur aus egoistischen Motiven?

(5) Reichtümer vermögen nicht das menschliche Herz zu befriedigen (Pred. 2, 8. 11), sondern schaffen eine zunehmende Gier nach mehr (Pred. 4, 8; 5, 9).

(6) Reichtum wirkt sich oft sehr nachteilig auf den Charakter aus; er kann z. B. Stolz (Spr. 18, 23; 28, 11) und Unbarmherzigkeit (Jak. 2, 5—7) hervorrufen.

Matthew Henry, ein namhafter Bibelkommentator, weist auf folgendes hin: „In dem hebräischen Ausdruck für Reichtum liegt das Wort „schwer", und Reichtum ist in der Tat eine Last. Da ist zunächst die Last der Mühe, ihn zu bekommen, dann die Last der Angst, wie man ihn behält, hinzu kommen die Last der Versuchung und der Sorgen und schließlich die Last, wie man darüber Rechenschaft ablegen soll."

8. „Den Reichen in dieser Welt gebiete, daß sie nicht stolz seien, auch nicht hoffen auf den ungewissen Reichtum, sondern auf Gott, der uns alles reichlich darbietet, es zu genießen; daß sie Gutes tun, reich werden an guten Werken, gerne geben, behilflich seien, und sich durch solche Schätze einen guten Grund legen aufs Zukünftige, auf daß sie ergreifen das wahre Leben" (1. Tim. 6, 17—19).

In diesen Versen wird uns gesagt, den Reichen zu „gebieten . . ."; aber wie viele Diener Gottes befolgen heute noch dieses Gebot? Wer von uns hat jemals die Reichen ermahnt? Die meisten von uns haben noch nie eine Predigt über diesen Vers gehört. Jedoch hat es wohl kaum eine Zeit gegeben, in der diese revolutionäre Botschaft notwendiger gewesen wäre als gerade heute.

Wollen wir diese Botschaft predigen, so müssen wir sie zuerst einmal selbst praktizieren. Wenn wir im Schauen anstatt im Glauben leben, können wir nicht den anderen sagen, sie sollen keine Schätze auf Erden sammeln. Ein solches Leben macht uns mundtot.

Gott sucht Menschen, die ohne Furcht und ohne Rücksicht auf die Konsequenzen sein Wort weitersagen, Menschen wie der Prophet Amos, der ausrief:

„Höret dies Wort, ihr fetten Kühe, die ihr auf dem Berge Samarias seid und den Dürftigen unrecht tut und untertretet die Armen und sprecht zu euren Herren: Bringe her, laßt uns trinken! Der Herr Herr hat geschworen bei seiner Heiligkeit: Siehe, es kommt die Zeit über euch, daß man euch wird herausziehen mit Angeln und eure Nachkommen mit Fischhaken. Und ihr werdet zu den Lücken hinausgehen, eine jegliche vor sich hin und gen Hermon weggeworfen werden, spricht der Herr" (Amos 4, 1—3).

Gott sucht Menschen wie Haggai, der die provozierende Frage an das Volk Gottes stellte:

„Aber eure Zeit ist da, daß ihr in getäfelten Häusern wohnt, — und dies Haus (des Herrn) muß wüst stehen?" (Haggai 1, 4).

Natürlich waren die Propheten niemals beliebt. Ihre Gegenwart bedeutete ein Ärgernis für ihre Zeitgenossen. Sie wurden von der Gesellschaft unterdrückt und verbannt. Nicht selten hatte man sie verfolgt, und wenn nichts anderes sie zum Schweigen bringen konnte, wurden sie getötet. Sie kümmerten sich nicht darum, sondern wollten lieber die Wahrheit sagen, als den Menschen etwas vorenthalten.

Materialismus und Reichtum hemmen heute das Wirken des Heiligen Geistes in der Gemeinde. Erweckung wird niemals kommen, wenn die Gläubigen weiter so aufwendig leben. Wer wird aufstehen und es wagen, Gottes Volk zu einem Leben des Glaubens und der Opferbereitschaft zurückzurufen?

Wer wird den Menschen zeigen, wie man das wahre Leben ergreift? (1. Tim. 6, 19). — „Das einzig wahre Leben ist das Leben im Lichte der Ewigkeit — wenn wir alles, was wir haben, benutzen für die Sache seines Reiches und unsere zukünftige Heimat nie aus dem Auge verlieren. Nur so hat unser Leben einen Wert" (C. H. Mackintosh).

9. „Und der da reich ist, rühme sich seiner Niedrigkeit, denn wie eine Blume des Grases wird er vergehen. Die Sonne geht auf mit der Hitze, und das Gras verwelkt, und seine Blume fällt ab und seine schöne Gestalt verdirbt; so wird der Reiche in seinen Wegen verwelken" (Jak. 1, 10. 11).

Der Reiche soll sich nicht seines Reichtums rühmen, sondern froh sein, wenn immer er seine Armut erkennt. Weshalb? Weil Reichtum vergeht wie das Gras, während geistliche Erfahrungen und Lektionen von ewigem Wert sind.

10. „Wohlan nun, ihr Reichen, weinet und heulet über das Elend, das über euch kommen wird! Euer Reichtum ist verfault, eure Kleider sind von Motten zerfressen. Euer Gold und Silber ist verrostet, und ihr Rost wird wider euch Zeugnis geben und wird euer Fleisch fressen

wie Feuer. Ihr habt euch Schätze gesammelt am Ende der Tage! Siehe, der Arbeiter Lohn, die euer Land abgeerntet haben, der von euch vorenthalten ist, der schreit, und das Rufen der Schnitter ist gekommen vor die Ohren des Herrn Zebaoth. Ihr habt wohlgelebt auf Erden und eure Lust gehabt und eure Herzen geweidet am Schlachttag! Ihr habt verurteilt den Gerechten und getötet, und er hat euch nicht widerstanden" (Jak. 5, 1—6).

Hier verurteilt der Geist Gottes ganz scharf das Zusammensparen eines Vermögens (Vers 3), das Geldsparen durch ungerechte Gehaltszahlung (Vers 4), ein luxuriöses Leben (Vers 5), das Ausnützen von unschuldigen Menschen, die sich nicht wehren können (Vers 6).

Es erübrigt sich, darüber zu streiten, ob diese Verse nun an Gläubige oder Ungläubige gerichtet sind. Wenn sie auf uns zutreffen, sind auch wir *gemeint!*

11. „Du sprichst: Ich bin reich und habe gar satt und bedarf nichts! und weißt nicht, daß du bist elend und jämmerlich, arm, blind und bloß. Ich rate dir, daß du Gold von mir kaufest, das mit Feuer durchläutert ist, daß du reich werdest, und weiße Kleider, daß du dich antust und nicht offenbar werde die Schande deiner Blöße, und Augensalbe, deine Augen zu salben, daß du sehen mögest. Welche ich liebhabe, die strafe und züchtige ich. So mache dich auf und tue Buße!" (Offb. 3, 17—19).

Diese schneidenden Worte an die Christen in Laodizea bedürfen keiner weiteren Auslegung. Wir wissen, was sie bedeuten. Und wir wissen, daß sie auch auf uns zutreffen. Alles, was wir zu tun haben, ist zu gehorchen.

Eine Warnung an Arbeitsscheue

Es besteht immer die Gefahr, daß man ein Buch wie dieses mißbraucht als Entschuldigung für Trägheit. Jemand, dem die Arbeit ein rotes Tuch ist, mag es lesen und sagen: „Das habe ich doch immer schon geglaubt."

Deshalb sei hier ausdrücklich erwähnt, daß diese Botschaft nicht den Faulenzern oder Gammlern gilt bzw. denen, die glauben, die Welt (oder die Gemeinde) sei ihnen ihren Lebensunterhalt schuldig. Gott hat eine ganz andere Botschaft an Drückeberger; ihnen muß er sagen: „Stehe auf und gehe an die Arbeit!" (s. 2. Thess. 3, 6—11).

Dieses Buch richtet sich an arbeitsfreudige und pflichtbewußte Menschen. Diejenigen, die allen Fleiß daran setzen, für die gegenwärtigen Bedürfnisse ihrer Familie aufzukommen und in erster Linie für die Interessen des Herrn Jesus leben, können Gott auch in bezug auf ihre Zukunft vertrauen.

Vorsicht vor dem Richtgeist

Noch eine weitere Gefahr müssen wir meiden. Es ist die Gefahr, andere ihres materiellen Besitzes wegen zu verurteilen.

Unsere Verantwortung ist es zu hören, was Gott sagt, um es dann auf unser eigenes Leben zu beziehen. Haben wir das getan, dürfen wir für andere beten, die das im vorliegenden Buch besprochene Gebot des Herrn noch nicht befolgen. Gott wird uns auf unsere Bitte hin Gelegenheit für ein Zeugnis geben, das ungefähr so anfangen könnte: „Es ist mir klargeworden ..." Aber es ist etwas ganz anderes, wenn man sich in der Wohnung eines Christen umsieht, schnell den Wert der Einrichtung überschlägt und dann den Finger gegen ihn erhebt. Als Verwalter muß jeder für sich selbst Gott Rechenschaft ablegen und nicht für andere.

Möge der Herr uns vor jeglicher Kritik und Richtgeist anderen gegenüber bewahren!

Folgerungen

Das Wort Gottes fordert die Christen dazu auf, sich mit Nahrung, Kleidung und einer Wohnung zufriedenzugeben, mit allem Fleiß für die Bedürfnisse ihrer Familie zu sorgen und alles übrige der Reichgottesarbeit zur Verfügung zu stellen. Sie sollen sich keinen „Rückhalt" zusammensparen, sondern der Verheißung Gottes glauben, daß er für ihre Zukunft sorgt. Ihr Lebensziel soll sein, dem Herrn Jesus Christus zu dienen; alles andere muß an die zweite Stelle kommen.

Ein solches Leben wird in den Evangelien gelehrt, in der Apostelgeschichte praktiziert und in den Episteln erläutert. Das größte Beispiel gibt uns der Herr Jesus selbst.

Nun mag bei Ihnen vielleicht die Frage aufkommen: „Wie kann ich das in meinem eigenen Leben verwirklichen? Was sollte ich jetzt tun?"

1. Zunächst müssen wir uns selbst dem Herrn ausliefern (2. Kor. 8, 5). Wenn er *uns* hat, dann ist es auch sicher, daß er unseren *Besitz* hat.

2. Wenn dann der Herr seinen Finger auf verschiedene Gebiete unseres Lebens legt, sollten wir unverzüglich handeln. Vielleicht wird er uns unruhig machen, wenn wir in einem exklusiven Restaurant essen oder Geld für eine teure Sportausrüstung ausgeben wollen. Wenn wir auf unseren Luxuswagen neuester Bauart sehen, mag er uns vielleicht eine Möglichkeit zeigen, einen bescheideneren Wagen zu bekommen, um den Differenzbetrag für die Verbreitung des Evangeliums einzusetzen. Viel-

leicht sollten wir auch bei unseren Kleideranschaffungen weniger Geld ausgeben, um mit beizutragen, daß andere mit Gottes Kleidern der Gerechtigkeit angezogen werden können. Oder es mag für uns bedeuten, daß wir uns nach einem anderen Arbeitsplatz umsehen, der uns genügend Zeit für die Interessen Gottes übrig läßt. Wir mögen die Liebe zu unserer teuren Wohnung verlieren und den Umzug in ein billigeres Wohnviertel in Erwägung ziehen.

Wenn Gott anfängt, zu uns über diese Dinge zu sprechen, werden wir es merken. Wir werden genau wissen, daß wir ihm ungehorsam sind, wenn wir nicht seiner Weisung entsprechend handeln.

3. Der nächste Schritt ist: „Was er euch sagt, das tut" (Joh. 2, 5). Freunde mögen Sie mißverstehen. Verwandte mögen Ihnen Vorwürfe machen. Sie werden auf Widerstand stoßen. Folgen Sie nur Jesus, und überlassen Sie ihm die Konsequenzen.

4. Setzen Sie alles, was Sie jetzt nicht für Ihr Leben brauchen, für den Herrn ein. Beten Sie um Leitung. Bitten Sie ihn, daß er Ihnen zeigt, wohin Sie es senden sollen. Er wird es tun!

Möge der Herr in uns und in unserer Generation eine solche radikale Hingabe bewirken, daß wir wie einst John Wesley beten können:

„Ach, daß Gott mir doch das geben würde, was ich so sehnlichst wünsche: noch vor meinem Heimgang ein Volk zu sehen, das sich restlos dem Herrn ausgeliefert hat und für die Welt gestorben ist, ein Volk, das Gott mit Leib, Seele und Geist gehört.

Wie freudig würde ich dann sagen: ,Nun lässest du deinen Diener in Frieden fahren.'"

hänssler

WEITERE TITEL DER REIHE

ANSPRUCH UND HERAUSFORDERUNG

Diese Reihe ruft zu völliger Hingabe zu Gott auf und zeigt, wie Jesus im Alltag eines Christen wirken und erfahrbar werden kann.

W. I. Thomas

Christus in Euch – Dynamik des Lebens
Tb., 120 S., Nr. 392.598, ISBN 3-7751-2598-1

A. W. Tozer

Das Wesen Gottes
Tb., Nr. 392.604, ISBN 3-7751-2604-X

R. C. Sproul

Die Heiligkeit Gottes
Tb., Nr. 392.605, ISBN 3-7751-2605-8

Bitte fragen Sie in Ihrer Buchhandlung nach diesen Büchern! Oder schreiben Sie an den Hänssler-Verlag, Postfach 12 20, D-73762 Neuhausen-Stuttgart.